Wolf Iro

Nach Israel kommen

Wolf Iro

Nach Israel kommen

Ein Essay

Verlag Klaus Wagenbach Berlin

Geleitwort

Israel ist ein Stück herausgerissenes Mitteleuropa. Der Aufenthalt dort eine Spurenlese in den Hinterlassenschaften von Vergangenheit. Vor allem dann, wenn diese Spuren sich aus Fragmenten einer Zeit fügen, die für den auswärtigen, aus Deutschland kommenden Besucher von einem Ereignis kontaminiert sind, dessen Wirkung Endlichkeit zu überformen scheint: dem Holocaust. Die an den Holocaust erinnernden Spuren sind von den Artefakten des Menschheitsverbrechens an den Orten der Tat auf dem europäischen Kontinent insofern verschieden, als sie sich im Staate der Juden in konkreten, in lebendigen Personen wiederfinden. Und dies weniger in den nur noch wenigen Überlebenden des Verbrechens denn in ihren Nachkommen – und dies in kollektiver Konsistenz.

Die Kollektivität der Juden im Staate Israel stellt den Resonanzboden her, auf dem sich die Vorstellungen von jenem Ereignis gestalten. Der generationell von einer jeden Beteiligung am Verbrechen doch freie Deutsche wird vor diesem Hintergrund auf eine (deutsche) Kollektivität zurückgeworfen, von der er oder sie im eigenen Lande, im Lande der Deutschen, sich längst entfernt zu haben glaubte. In Israel findet sich diese aufs Neue erweckt.

Wolf Iro hat mit dieser Schrift seine (deutsche) Erfahrung mit Israel niedergelegt. Als offiziöser Vertreter deutscher Kultur hat er sich dort der magnetischen Anziehung der Vergangenheit ausgesetzt. Insofern handelt es sich bei seinem Text weniger um eine individuelle Introspektion denn um ein Dokument kollektiver Befindlichkeit. Dazu gehört nicht wenig an Mut. Dies umso mehr, als Israel eben nicht nur ein Terrain deutscher, europäischer Vergangenheit ist, sondern auch Ort einer dramatischen Gegenwart. Diese Gegenwart zieht neben Deutschen und israelischen Juden ein weiteres, ein drittes Subjekt in ihren Orbit: die arabischen Palästinenser. Damit verkompliziert sich die ohnehin komplexe Situation zwischen Deutschen und Juden. Eine Art von Gleichzeitigkeit sich verschränkender Zeiten – von Vergangenheiten und Gegenwärtigkeiten. Das aufgeklärte Bewusstsein empfindet sich geblendet.

Wolf Iro macht sich diese Blendungen zum Thema. Aus der Perspektive seiner Erfahrung in Israel sucht er im Dickicht der jeweiligen Überformungen nach der angemessenen, der ethisch richtigen Haltung. Ihren Anker findet sie in der Prärogative der Empathie.

Dan Diner
September 2018

Die totale Semiotisierung

Vorwort

Mein Lehrer in Frankfurt, der Regisseur Hans Hollmann, pflegte seine Studenten immer daran zu erinnern, dass das Theater ein besonderer Raum sei. »Auf der Bühne wird alles zum Zeichen. Alles, was der Zuschauer sieht, nimmt er als beabsichtigt und damit bedeutsam wahr. Alles. Und sei es ein Paar Socken, die ein Kulissenschieber dort zufällig vergessen hat.«

Daran musste ich denken, als ich im April 2014 nach Israel kam, um die Leitung der Goethe-Institute in Tel Aviv und Jerusalem zu übernehmen. Zunächst trug ich schwer an der Funktion des Direktors einer deutschen Institution im israelischen Staat. Ich hatte das Gefühl, jede Äußerung im Kontext der deutsch-jüdischen Geschichte und speziell des Holocaust zu tun (der dort die passendere Bezeichnung Shoah trägt).[1] Noch die nichtigsten meiner Sätze und Gesten unterzog ich im Geiste einer Vorprüfung auf ihren zeichenhaften Gehalt. Es war die totale Semiotisierung.

Nach einiger Zeit beruhigte ich mich. Man kann nicht vierundzwanzig Stunden am Tag über die Vergangenheit nachdenken. Und man sollte es auch nicht. Denn das hieße, dem Land und seinen Bewohnern die Gegenwart abzusprechen. Gleichwohl bleibt die Tatsache bestehen: Als Deutscher nach Israel zu kommen ist nichts Normales. Was aber heißt das genau? Wie drückt sich diese Unnormalität aus? Die folgenden Überlegungen sind das Ergebnis von Beobachtungen, die ich im Alltag und bei offiziellen Anlässen, im vertrauten

Gespräch und bei zahlreichen Veranstaltungen machte, zu denen Deutsche nach Israel kamen und auf Israelis trafen. Ich versuche, psychologische Muster zu beschreiben und Schlüsse daraus zu ziehen. Natürlich entsteht auch ein Bild der Realität vor Ort, wie sie sich mir darstellte. Doch handelt der Essay weniger von Israel selbst als von dem Umgang der Deutschen mit dem Land.

Wer den Eindruck hat, diese Überlegungen betonten zu sehr jene Momente zwischen Deutschen und Israelis, die mit Missverständnissen und Fehlleistungen, Nicht-Kommunikation und Irrtümern verbunden sind, der möge bedenken, dass den Beobachtungen ein eigener und bisweilen schmerzhafter Erkenntnisprozess vorausgegangen ist. Jedenfalls geht es im Text nicht um die Bloßstellung individueller Verhaltensweisen, sondern um die – freilich anhand von einzelnen Beispielen hergeleitete – Analyse eines generellen Bestands. Eines Bestands, der zu der Frage zurückführt, wie wir uns in Deutschland jetzt und in der Zukunft in angemessener, authentischer und produktiver Weise der Shoah erinnern und dazu verhalten können. Der Historiker Christian Meier schreibt: »Denn das Gedenken ist zwar keineswegs bedroht, aber in seiner Wirkung abhängig von den Weisen der Vermittlung: je weiter wir uns von den Ereignissen entfernen, umso mehr«.[2] Angesichts des allmählichen Verschwindens der Generation der Zeitzeugen, vor allem aber auch angesichts eines lauter und unverhohlener sich gebärdenden Antisemitismus in Deutschland und der Wahlerfolge einer rechtsextremen Partei bei den Bundestagswahlen 2017 wie auch vielen Landtagswahlen ist die Frage des Erinnerns von besonderer Dringlichkeit.

Ein in diesem Zusammenhang bedeutender Begriff ist der der Empathie. Er wird hier in Bezug zu Israel gesetzt, sollte aber nicht mit unangemessenem Pathos aufgeladen werden. Versteht man Pathos als falsches Gefühl, wird im Text sogar der bewusste Versuch unternommen, antipathetisch zu schreiben, das heißt: falsche Gefühle zu benennen und Alternativen zu skizzieren. Ob dies gelungen ist, mag jeder Leser für sich selbst entscheiden.

Torschüsse in Tel Aviv

Von konkreter und unkonkreter Erinnerung

Es laufen die letzten Minuten des Halbfinales der Fußballeuropameisterschaft 2016. Deutschland, das im bisherigen Verlauf des Turniers einen starken Eindruck hinterlassen hat, spielt gegen Gastgeber Frankreich. Das Match ist entschieden – Antoine Griezmann, der schmächtige französische Mittelstürmer der *equipe tricolore,* hat in schneller Abfolge zwei Tore geschossen und Frankreich zum Sieg verholfen. Der kleinere der beiden Söhne eines israelischen Freundes, bei dem wir die Übertragung sehen, verlässt weinend das Zimmer. Nachdem das Spiel beendet ist, murmele ich etwas davon, dass doch die bessere Mannschaft gewonnen habe. Ich fühle mich unwohl. Ungläubig, gerührt und auch ein wenig hilflos habe ich während des Spiels beobachtet, dass die ganze Familie und auch die meisten der eingeladenen israelischen Freunde für die deutsche Mannschaft fieberten.

Eine Umfrage der Bertelsmann-Stiftung von 2013 zeigt: Etwa 70 Prozent der Israelis verbinden mit Deutschland positive Assoziationen.[3] Eine geradezu unglaubliche Zahl. Knapp siebzig Jahre nach Ende des Zweiten Weltkriegs, siebzig Jahre nach der Vernichtung eines großen Teils des europäischen Judentums durch die Deutschen hat Deutschland in Israel einen äußerst guten Ruf. Wie kommt das?

Bereits sieben Jahre nach Ende des Weltkriegs begann man in Israel, wieder Kontakt zu Deutschland zu knüpfen – in psychologischer Hinsicht sicherlich zu früh. Doch der junge Staat war bettelarm und für den Aufbau dringend auf wirtschaftliche Unterstützung und akademische Kooperationen angewiesen. Es war Israels Glück, in dieser Zeit den ultrapragmatischen Visionär David Ben Gurion an der Spitze zu haben, der dieser unpopulären Maßnahme mit viel Geschick und grimmiger Einsicht in die Notwendigkeit den Weg ebnete. Unter seiner Führung wurden mit Deutschland die »Wiedergutmachungszahlungen«, so die deutsche Bezeichnung, verhandelt – angesichts eines Menschheitsverbrechens freilich ein Terminus, der die Überlebenden wie Hohn anmuten musste, selbst wenn die israelischen Verhandler immer wieder betonten, dass lediglich der Regress für materielle Verluste, keinesfalls aber eine Form von moralischem Ablass zur Debatte stand. Die israelische Seite sprach deshalb auch immer nur von *shilumim*, was so viel wie »Strafzahlungen« bedeutet und jeder Idee von Kompensation oder Sühne abhold ist. Bezeichnenderweise konnten sich beide Seiten bis zum Schluss nicht auf einen Begriff einigen, so dass das Abschlussprotokoll der Verhandlungen über dieses erste deutsch-israelische Abkommen nur auf Englisch existiert (wo von »reparations« die Rede ist). Doch was die zahlreichen Gegner der in Israel hochumstrittenen Verhandlungen befürchtet hatten, trat ein. In der Nachfolge des Abkommens kam es zu einer schrittweisen Annäherung.[4] Und obwohl die israelischen Pässe noch bis 1956 den expliziten Vermerk »Gilt für alle Länder außer Deutschland« trugen, nahmen die beiden Staaten bereits 1965, also keine fünfzehn Jahre später, wieder offizielle diplomatische Beziehungen auf.

Vier Jahre zuvor war in Jerusalem Adolf Eichmann der Prozess gemacht worden. Lange hatte sich diese Schlüsselfigur der Vernichtung mit westlicher Hilfe dem Zugriff seiner Verfolger entziehen können, bis schließlich Fritz Bauer, jüdischer Generalstaatsanwalt in Hessen und tragischer Kämpfer für ein neues Deutschland, dem israelischen Geheimdienst den entscheidenden Tipp gab.[5] In der israelischen Geschichte stellt der Prozess gegen Adolf Eichmann, in dem eine Vielzahl jüdischer Zeitzeugen auftrat, einen Wendepunkt dar. Mehr als fünfzehn Jahre lang hatten die Shoah-Überlebenden in Israel nicht von ihren Leiden berichtet. Dies war nicht allein auf die Traumatisierung zurückzuführen. Ihr Schicksal passte nicht zum neuen Ideal des wehrhaften Juden, und ihre Erzählungen wurden beim Aufbau des Staates als hinderlich angesehen. Während also mehr als fünfzehn Jahre nach dem Krieg in Deutschland immer noch ein umfassendes Täterschweigen herrschte, schwiegen in Israel die Opfer. Nun begannen sie allmählich zu reden.

Die Aufarbeitung der nationalsozialistischen Vergangenheit, in Deutschland zunächst gar nicht, später widerwillig unternommen und eigentlich erst im Nachgang der Ausstrahlung der amerikanischen TV-Serie *Holocaust* Ende der siebziger Jahre von einer breiteren gesellschaftlichen Basis getragen, war ohne Zweifel eine notwendige Voraussetzung dafür, dass die deutsch-israelischen Beziehungen heute über das Zweckmäßig-Funktionale hinausgehen, das sie in ihren Anfängen charakterisierte. Das Wichtigste aber, die eigentliche Grundlage für dieses neue Verhältnis, war etwas anderes. Es war die Bereitschaft auf jüdischer Seite, zwischen den Tätern nationalsozialistischer Verbrechen und ihren Nachkommen zu unterscheiden.

Diese Unterscheidung beginnt schon an der israelischen Grenze. Nur Deutsche, die vor 1928 geboren sind, benötigen ein Visum für die Einreise, alle anderen nicht. Auch wurde mir beispielsweise in Israel nie die Frage gestellt, was meine Großväter im Krieg getan haben – es interessiert die Menschen nicht sonderlich, denn ich gehöre einer anderen Generation von Deutschen an, gegen die nur der geringste Teil der israelischen Gesellschaft Vorurteile hat. Dies alles ist angesichts der Verbrechen und der Größe des Leids eine emotionale Leistung, die in ihrer Qualität in Deutschland nicht angemessen gewürdigt wurde. Zwar konstatiert man häufig und allgemein die Außerordentlichkeit der bilateralen Beziehungen nach der Shoah, doch schweigt man lieber, wenn die Rede auf die konkreten Anstrengungen kommt, derer es auf Seiten der Opfer und ihrer Nachkommen bedurfte. Was zum Beispiel muss in Emanuel Schaffer, der israelischen Trainerlegende, vorgegangen sein, der, aus dem heute ukrainischen Drohobycz stammend, seine gesamte Familie verloren hatte und dennoch 1958 an die Sporthochschule in Köln ging, um sein Diplom als Fußball-Lehrer zu erwerben? Im Februar 1970 organisierte Schaffer, inzwischen guter Freund von Hennes Weisweiler, dem erfolgreichen Trainer Borussia Mönchengladbachs, in Tel Aviv das erste deutsch-israelische Freundschaftsspiel, das vor einem begeisterten Publikum im ausverkauften Stadion stattfand. Fast alle nachfolgenden Fußballkontakte zwischen den beiden Ländern – angefangen vom ersten israelischen Profispieler in einem deutschen Verein bis zu regelmäßigen gegenseitigen Besuchen von Jugendmannschaften – gingen auf das Wirken »Eddy« Schaffers zurück.

2015 präsentierten wir in Tel Aviv eine von den Historikern Lorenz Peiffer und Moshe Zimmermann konzipierte Ausstellung über Juden im deutschen Fußball: Elf lebensgroße Figuren aus Plexiglas mit den Porträts der wichtigsten Spieler, Trainer, Funktionäre oder Mittler, darunter natürlich auch Schaffer, erinnerten an die historischen Persönlichkeiten.[6] Nachdem die Ausstellung an mehreren Orten Israels gezeigt worden war, übergaben wir auf Bitten der Ausstellungsmacher die Figur Schaffers seinen Söhnen; ich schämte mich regelrecht, als diese später noch mehrmals anriefen, um sich dafür zu bedanken. »Es tut gut, wenn mein Vater Anerkennung für das erhält, was er für die deutsch-israelischen Beziehungen im Sport getan hat«, sagt Schaffers Sohn Moshe. »Einzelne Menschen erinnern sich natürlich an ihn. Aber offiziell?«

In der Tat ist Schaffer in Deutschland unbekannt, und kein Ort gedenkt seiner. Denn deutsches öffentliches Gedenken ist in den seltensten Fällen konkret. Dies hat, so scheint mir, vor allem mit mangelnder Empathie zu tun. Selbst viele der Mahnmale mit ihrer häufig sehr allgemeinen, generischen Formelsprache (nicht zuletzt das zentrale Mahnmal für die ermordeten Juden Europas in Berlin) sind Beispiele für diese unkonkrete Art des Erinnerns. Nun mag man einwenden, dass derartige Orte notwendigerweise einen abstrakten Charakter tragen müssen, sollen sie das Ereignis, an das sie gemahnen, doch als Ganzes erfassen. Allerdings vergisst man über ihrer appellativen Funktion für die Nachkommen der Täter eine weitere Aufgabe, die ihnen ebenso zukommt, nämlich die der Erinnerung an die individuellen Opfer der Shoah. Immer noch ist es für viele Angehörige von großer Bedeutung, dass die Opfer namentliche Erwähnung finden. Ihr Tod war industriell und ihr Grab, wenn es überhaupt eines gab, anonym. Ein Gedenkort, an dem ihre Namen zu lesen wären, hieße, ihnen ein Stück ihrer Individualität zurückzugeben. Aus diesem Grund sind die von dem Künstler Gunter Demnig konzipierten und seit 1992 verlegten Stolpersteine bemerkenswert. Indem sie den letzten freien Wohnort der namentlich in die Steine eingravierten Opfer markieren, funktionieren sie sowohl als Mahnmale wie auch als Erinnerungsorte und richten sich damit – ohne dass sie die Unterschiede zwischen ihnen verwischen würden – an die Nachkommen von Tätern und von Opfern. Dass sie von jüdischer Seite vielfach in eben diesem Sinne aufgenommen werden, machte mir die Reaktion einer Kollegin deutlich, die vor einiger Zeit Urlaub nehmen wollte, um nach Dresden zu fahren. Dort würden Stolpersteine für drei ihrer Tanten und einen Onkel verlegt. »Mir gefällt das. Sie haben doch kein Grab«, sagte sie. Sehr viel später, bei der Trauerwoche für ihre Mutter, die im Alter von fast hundert Jahren starb und als Einzige ihrer unmittelbaren

Verwandten die Shoah überlebte, weil sie bei holländischen Bauern Unterschlupf fand, erfuhr ich dann, dass die Angehörigen die Steinlegung bezahlen mussten. Es geht hier nicht um die Höhe der Kosten. Dass ein Projekt solchen Ausmaßes nicht gratis zu haben ist und die diversen damit verbundenen Material-, Personal- und Reiseaufwendungen nicht vom Künstler aufgebracht werden können, versteht sich von selbst. Nur: Gab es – wie bei anderen Stolpersteinen – keine deutschen Geldgeber? Konnten sich keine städtischen Einrichtungen, keine Hausverwaltung und auch keine der jetzigen Besitzer zusammentun, um die – geringe – Einzelsumme zu decken? Und überhaupt: Wäre es nicht eigentlich angemessen, dass die Städte in Deutschland dafür sorgen, dass alle ihre Bürger, die dereinst aus ihnen vertrieben und in die Gaskammern geschickt wurden, eine öffentliche namentliche Erwähnung finden, ob auf einem Stolperstein oder anderswo?

Und Eddy Schaffers Familie? Auch ihre Namen sucht man vergeblich. Wie sehr Schaffer sein ganzes Leben lang unter den Erinnerungen an jene Zeit litt, die ihn, nicht aber seine Angehörigen überleben ließ, macht seine Antwort auf die Frage eines Journalisten deutlich, warum er auf dem Platz immer so fluche. »Ich weiß, ich bin verrückt. Doch du musst wissen, dass, wer auch immer da war und überlebt hat, verrückt zurückgekommen ist. Auch die, die glauben, sie sind normal, sind verrückt. Niemand ist gesund zurückgekehrt.«[7]

Was ist ein Ghetto?

Von Verantwortung und Empathie

Ein Schriftstellertreffen in Jerusalem. Bei einer öffentlichen Veranstaltung kommt eine Teilnehmerin aus Deutschland auf die Lage in Gaza zu sprechen: »Das ist ein Ghetto«, stellt sie kategorisch fest.

Zwei Tage lang haben deutsche und israelische Autoren zuvor zusammengesessen und über Literatur und Leben, über Vergangenheit und Zukunft, über Gott und die Welt gesprochen. Die Gespräche gingen in die Tiefe, sie waren intensiv und manchmal auch schmerzhaft. Man lernt sich anders kennen, als wenn man sich nur für ein, zwei Stunden das Podium teilt. Politik stand während des Treffens fast immer im Raum – eingeladen waren engagierte Literaten, die mit ihren Texten gesellschaftlich etwas zu bewegen versuchen. Häufig kam auch die Shoah zur Sprache, ja, es schien, als sei sie das dunkle Gravitationszentrum der Diskussionen.

Auch Täterkind zu sein ist traumatisierend. Und dieses Trauma bricht sich dann bisweilen in unerwarteter Form Bahn. Die erwähnte deutsche Autorin ist eine aufgeklärte Intellektuelle. Sie hat sich mit der Schuld ihrer Eltern auseinandergesetzt. Immer würde sie zustimmen, dass Deutschland eine besondere, sich aus der Geschichte ergebende Verantwortung gegenüber den Juden trägt. Und doch spricht sie von Gaza als einem Ghetto. Nun steht es außer Frage, dass die Situation im Gaza-Streifen für viele der dort Lebenden äußerst beschwerlich ist und aufgrund der Abriegelung häufig dramatische Züge annimmt. Beim letzten Krieg in Gaza (nach der gängigen Bezeichnung im Hebräischen war es lediglich eine »militärische Operation«) kamen nach offiziellen Schätzungen circa 1.800 Menschen ums Leben, was etwas weniger als einer Promille der dort lebenden palästinensischen Bevölkerung entspricht. Als politisch denkender Mensch auf all dies hinzuweisen ist vollkommen legitim. Allein, indem die Schriftstellerin als Deutsche in Israel von einem Ghetto spricht, suggeriert sie einen Vergleich des Gazastreifens eben nicht mit dem Ghetto im mittelalterlichen Venedig (woher der Begriff ursprünglich stammt), sondern mit jenen in Warschau und vielen anderen Städten unter dem Nazi-Regime. Und dieser Vergleich ist in mehrerlei Hinsicht sehr problematisch.

Zunächst ist er historisch falsch – oder will die Autorin die Hungertoten in Wilna, die aus Łódź Abtransportierten, die gefallenen Aufständischen in Warschau mit den Bewohnern des Gazastreifens gleichsetzen? Auch verletzt der Vergleich, von einer Deutschen in Israel ausgesprochen, die Nachkommen der Ghetto-Überlebenden, deren Zahl im Land hoch ist und die mit großer Wahrscheinlichkeit sogar im Publikum vertreten waren. Und schließlich drängt sich die Vermutung auf, dass eine solche Formulierung, ob bewusst oder unbewusst, den deutschen Schuldkomplex entlasten soll. Durch die Unterstellung, Juden würden in Gaza, was ihnen selbst vormals angetan wurde, nun ihrerseits praktizieren, verliert das System Auschwitz seine bedrückende Einzigartigkeit. Die Autorin jedoch nimmt für sich in Anspruch, die richtigen Lehren aus Nazi-Regime und Judenvernichtung zu ziehen und die Verantwortung, die jeder Einzelne für die gesellschaftlichen Verhältnisse um ihn herum trägt, in der Praxis wirksam wahrzunehmen. Wie lässt sich dieser Widerspruch erklären?

Die Aufarbeitung der nationalsozialistischen Vergangenheit wurde in Deutschland stets eher als moralische denn als psychisch-emotionale Aufgabe begriffen. Nachdem es fast zwanzig Jahre und den individuellen Einsatz Fritz Bauers gebraucht hatte, um den ersten deutschen Prozess gegen Leitungsfiguren eines Konzentrationslagers zu erwirken, bemühten sich die fortschrittlichen Wissenschaftler und Journalisten im Folgenden darum, den Nachweis deutscher Schuld zu führen und die sich daraus ergebende Verantwortung ins Bewusstsein breiterer Gesellschaftsschichten zu tragen. Dieser Nachweis schloss natürlich eine Analyse der politischen und sozialen Ursachen dafür ein, dass eine Nation, die sich vielfältigster künstlerischer und wissenschaftlicher Errungenschaften rühmte, innerhalb weniger Jahre so verrohen konnte, bis sie zu dem bereit war, was man später als Zivilisationsbruch bezeichnen sollte.[8] Was indes schon immer sehr viel weniger im Fokus stand, war die Frage nach den psychischen und emotionalen Bedingungen wie auch den Auswirkungen, die das Leben in dem auf die Vernichtung ganzer Volksgruppen ausgerichteten Staat auf den Einzelnen hatte. Eine Ausnahme stellte die 1967 erschienene Untersuchung *Die Unfähigkeit zu trauern* von Alexander und Margarete Mitscherlich dar, deren Titel zwar bald als geflügeltes Wort in den kultivierten Sprachgebrauch einging, die aber wenig gelesen wurde – hier versuchten die Autoren tatsächlich, sich dem Phänomen von einer psychologischen Seite zu nähern, wenn auch unter gänzlich anderen Vorzeichen.[9] Und so konnte über die Jahre zwar mit steigender Intensität darüber gestritten werden, wie groß die moralische Schuld eines Mitläufers an den Verbrechen des Dritten Reiches sei, doch was konkret in diesem vorging, als er die plötzlich freigewordene Wohnung seines jüdischen Nachbarn übernahm und dessen Eigentum billig erwarb oder eine unverhofft vakant gewordene akademische Position ergatterte, stand lange kaum zur Debatte.

Dies gilt in noch viel stärkerem Maße für Mentalität und Gefühlszustand deutscher Soldaten während der kriegerischen Einsätze.[10] Bezeichnenderweise waren es insbesondere deren Privatbilder, die bei der Revision der umstrittenen Ausstellung über Verbrechen der Wehrmacht entfernt wurden. Die zum fünfzigjährigen Kriegsende vom Hamburger Institut für Sozialforschung vorbereitete Ausstellung hatte sich zum Ziel gesetzt, einer breiten Öffentlichkeit zu verdeutlichen, dass Wehrmachtssoldaten bei deutschen Kriegsverbrechen eine aktive Rolle gespielt hatten. Hierzu waren neben diversen Schriftstücken insbesondere persönliche Fotos einfacher Landser präsentiert worden, die diese während des Feldzugs im Osten gemacht hatten. Aufgrund von anhaltender Kritik zog die Institutsleitung die Ausstellung nach über dreißig Stationen im November 1999 vorläufig zurück. Eine unabhängige Historikerkommission prüfte die verschiedenen Vorwürfe gegen die Ausstellung und kam zu dem Ergebnis, dass die in ihr präsentierten Thesen korrekt und die Quellenarbeit insgesamt seriös und intensiv gewesen sei. Von den 1433 ausgestellten Fotos wurden weniger als 20 beanstandet. Die revidierte Fassung der Ausstellung, von einem neuen Team entwickelt, wich zwar nicht von der Grundaussage der Originalversion ab, unterschied sich indes in einem wichtigen Punkt deutlich von ihr: Da die Entstehung der Privatfotos der Wehrmachtssoldaten in vielen Fällen nicht wissenschaftlich exakt zurückverfolgt werden konnte, verzichtete man fast vollständig auf sie. Hannes Heer, Verantwortlicher für die erste Ausstellung, bemerkte dazu: »Alle Landserfotos waren weg, weil die fotografierenden Soldaten plötzlich alle ›fragwürdige Augenzeugen‹ waren. Stattdessen wurde auf Fotos der Propagandakompanien aus dem Bundesarchiv zurückgegriffen. Das war der entscheidende Axthieb an unserer Ausstellung. Damit waren die Belege für Millionen Täter und Tatkomplizen weg, die Verbrechen, der Alltag des Tötens, auch die Lust vieler Soldaten am Krieg. Wir hatten von Beginn an Wert darauf gelegt, auch danach zu suchen, was in ihnen vorgegangen ist beim Töten und danach.«[11]

Dies scheint, nebenbei, einer der Gründe gewesen zu sein, weshalb jemand wie Günter Grass seine Mitgliedschaft als Jugendlicher in der Waffen-SS erst so spät öffentlich thematisierte. Der Autor sah sich aufgrund seiner damaligen Minderjährigkeit moralisch ohnehin als nicht schuldfähig an. Aber auch was er in dieser Zeit empfunden hatte, erachtete er lange nicht als relevant für die gesellschaftliche Diskussion über das Nazi-Regime. Wenn aber schon der Gefühlshaushalt der Täter nicht Gegenstand der Auseinandersetzung mit der Vergangenheit war, um wie viel weniger würde es dann jener der Opfer sein?

Denn viel zu lange kamen die Opfer in dem deutschen Aufarbeitungsdiskurs überhaupt nur zahlenmäßig vor.[12] Dieses Problem, seine psychologischen Bedingungen wie auch seine wissenschaftlichen Konsequenzen, wurde erstmals 1984 auf einer Konferenz in Stuttgart zum Thema[13] und war kurze Zeit später auch Gegenstand einer öffentlichen Auseinandersetzung der Historiker Martin Broszat und Saul Friedländer in den *Vierteljahrsheften für Zeitgeschichte*.[14] In seiner Geschichtsschreibung des Nationalsozialismus und der Shoah ist es Friedländer ein besonderes Anliegen, nicht die emotionale Realität der Opfer und damit die Opfer als Individuen aus dem Blick zu verlieren. Broszat, der deutsche Historiker und damalige Leiter des Münchner Instituts für Zeitgeschichte, sah hingegen eben dies als hinderlich für eine analytische Herangehensweise an und sprach von einer »mythischen Form der Erinnerung«.[15] Was Broszat letztlich kritisierte, war die vermeintliche Unwissenschaftlichkeit insbesondere jüdischer Geschichtsschreiber. In verquerem und zugleich irritierend unempathischem Duktus folgerte er: »Zu den Problemen einer auf mehr rationales Begreifen ausgehenden jüngeren deutschen Historikergeneration gehört sicher auch, dass sie es mit einer solchen gegenläufigen, geschichtsvergröbernden Erinnerung unter den Geschädigten und Verfolgten des NS-Regimes und ihren

Nachkommen zu tun hat.«[16] In seiner Replik wies Friedländer darauf hin, dass, folgte man der Argumentation Broszats, die deutschen Historiker zumindest ebenso befangen seien: »Aber wenn man die Dinge aus Ihrer Sicht sieht: Warum sollen Ihrer Meinung nach Historiker, die [als Teil der HJ-Generation] zur Gruppe der Verfolger gehören, fähig sein, distanziert mit dieser Vergangenheit umzugehen, während die zur Gruppe der Opfer Gehörenden das nicht können?«[17]

Mit wachsender zeitlicher Distanz zum historischen Geschehen lernte die Mehrheit der Deutschen, die nationalsozialistische Vergangenheit kritischer zu betrachten und ein Verantwortungsgefühl daraus abzuleiten.[18] Doch setzte diese Verantwortung keine Empathie mit den Opfern voraus noch rief sie diese notwendigerweise hervor. Hierbei ist mit Empathie weniger ein wirkliches gefühlsmäßiges Nachempfinden gemeint (welches herzustellen schlechterdings unmöglich ist), sondern ein Bewusstsein für die emotionalen und psychischen Belastungen der Opfer und ihrer Nachkommen. Am ehesten wurde dieses Mit-Leid noch ehemaligen Insassen von Konzentrationslagern zuteil; allerdings beschränkte es sich zumeist auf die Kenntnisnahme der physischen Extremität des Erlebten (wofür die Tätowierung auf ihrem Arm gleichsam Beweismittel wurde). Die psychischen Versehrungen hingegen blieben unsichtbar und weitestgehend unbeachtet. Und auch, was es für jemanden bedeutete, seine Angehörigen verloren zu haben und die Täter dabei ungestraft in Deutschland oder anderswo leben zu wissen, wurde im Täterland nie breit thematisiert. Dies aber ist eine Voraussetzung für eine wirkliche Annäherung. Der Publizist Jean Améry, der die Konzentrationslager Auschwitz und Buchenwald überlebte, notierte vor etwas mehr als fünfzig Jahren in *Jenseits von Schuld und Sühne* seine in jeder Hinsicht bemerkenswerten Reflexionen über das Opfersein: »Zu erhellen und zu vereinfachen, was ich meine, habe ich nur anzuknüpfen an die bereits ausgesprochene Überzeugung, dass der nicht ausgetragene Konflikt zwischen den Opfern und den Schlächtern exteriorisiert und aktualisiert werden muss, wenn es beiden, Überwältigten und Überwältigern, gelingen soll, die in ihrer radikalen Gegensätzlichkeit doch auch gemeinsame Vergangenheit zu meistern.«[19] Amérys Vision einer schonungslosen Aufarbeitung (die man sich als das Gegenteil jeder Art von Versöhnungsillusion vorstellen muss) hat sich nicht erfüllt. Mit viel Mühe gelang es schließlich in größeren Teilen der deutschen Bevölkerung ein Bewusstsein für das Ausmaß der Judenvernichtung und die sich daraus ergebende moralische Verantwortung zu verankern. Ein empathisches Verhältnis zu den Opfern aber entwickelte sich nicht. Ein Beispiel für diesen eingeschränkten Begriff von Verantwortung, der in Bezug auf das Gegenüber formuliert wird und zugleich ohne rechtes Mitgefühl für ihn auskommt, ist die Rede des damaligen Bundestagspräsidenten Philipp Jenninger im Jahre 1988 zum fünfzigsten Jahrestag der Reichspogromnacht. Kurioserweise hatte Jenninger sich in ihr gerade eine Erhellung der Nazimentalität und ihren psychisch-emotionalen Nachvollzug zum Ziel gesetzt. Nur war dieser Gedenktag die falsche Gelegenheit hierfür, zumal Jenninger in seiner Ansprache extensiven Gebrauch vom Stilmittel der erlebten Rede machte, so dass für die Zuhörer völlig unklar blieb, wo er zitierte und wo nicht. »Und was die Juden anging: Hatten sie sich nicht in der Vergangenheit doch eine Rolle angemaßt – so hieß es damals –, die ihnen nicht zukam? Mussten sie nicht endlich einmal Einschränkungen in Kauf nehmen? Hatten sie es nicht vielleicht sogar verdient, in ihre Schranken gewiesen zu werden?«[20] Solche und andere Formulierungen ebenso wie ausführliche Himmler-Zitate riefen, als affirmative Äußerungen missverstanden, einen verstörenden Eindruck hervor. Jenningers eigentliches Versagen aber lag darin, seine Ansprache gleichsam ohne den jüdischen Teil des Publikums im Parlament und im Lande gehalten zu haben. Nicht nur hatte er gegenüber dem Vorsitzenden des Zentralrats der Juden, Heinz Galinski, der selbst vor dem Bundestag hatte sprechen wollen, auf seinem Rederecht beharrt. Der Historiker Wolfgang Benz erkennt denn auch zu Recht einen »falschen Zungenschlag« zu Beginn der Rede und eine »Delegation der Erinnerung als jüdisches Problem des Gedenkens, abgesetzt gegen ›wir Deutsche erinnern uns‹.«[21] Ein solcher Tag, allzumal als Jahrestag und im deutschen Parlament begangen, kann nicht allein für die – wichtige – Analyse des Zustandekommens des Zivilisationsbruchs genutzt werden, sondern muss von Empathie für die Opfer getragen sein. Deren Gedenken indes stellte sich in Jenningers Rede vornehmlich als jüdische Aufgabe dar. Der Publizist Sebastian Haffner brachte die Kritik auf den Punkt: »Jenninger hatte kein Gespür für den Anlass. Wenn ein Mensch ermordet worden ist, spricht man an seinem Grab auch nicht von der interessanten Persönlichkeit des Mörders.«[22]

Eine weitere Folge des eingeschränkten Verantwortungsbegriffs war es, dass ideologischen Erwägungen, etwa im Ost-West-Konflikt, Priorität gegenüber allem anderen eingeräumt wurde. Wann beispielsweise hätte man je im Westen davon gelesen, dass jenen jüdischen Autoren, die sich nach dem Krieg zum Leben in der DDR entschlossen, speziell für ihre Rückkehr nach Deutschland und für ihren Beitrag zur deutschen Kultur gedankt wurde? Das heißt natürlich nicht, dass die Werke von Stefan Heym und Anna Seghers, Stephan Hermlin und Alfred Döblin, Arnold Zweig und anderen nicht nach literarischen Maßstäben beurteilt werden sollten. Stattdessen aber wurden all diese jüdischen Autoren wegen ihrer Entscheidung für den kommunistischen Teil Deutschlands von westdeutscher Seite diffamiert. Eine Anerkennung der Überwindung, die die Rückkehr ins Täterland die Autoren gekostet haben musste, blieb völlig aus.

Die hier vertretene Forderung lautet also: Die deutsche Verantwortung, die sich aus der Shoah ergibt, sollte eine empathische sein. Sie sollte von einem Bewusstsein für die emotionalen und psychischen Verheerungen bei den Opfern wie auch für die Spätfolgen bei ihren Angehörigen und Nachkommen getragen sein. Andernfalls läuft sie Gefahr, zur leeren Behauptung zu werden und nicht nachhaltig zu wirken. Genau dieses Bewusstsein aber fehlte, als die Autorin von Gaza als einem Ghetto sprach. Dass sie damit nicht alleine steht, sondern eine Mehrheit vertritt, zeigt die bereits im ersten Kapitel zitierte Umfrage, die zugleich eine beschämende Kehrseite hat. Während nämlich 70 Prozent der Israelis positive Assoziationen mit Deutschland verbinden, erwidern nur knapp 45 Prozent der befragten Deutschen diese Gefühle. Nun ist bei solchen Umfragen natürlich die genaue Fragestellung wichtig und ebenso die Unterscheidung zwischen Juden und Israel. Doch sogar eine bloß eingeschränkte Verantwortung, von der oben die Rede war, scheint nicht automatisch mehrheitsfähig: Nur 40 Prozent der in der gleichen Studie Befragten fanden, dass Deutschland eine besondere Verantwortung für das jüdische Volk habe.[23] Als seien ihre eigenen Vorväter die wahren Opfer des Nazismus, fällt es zahlreichen Deutschen siebzig Jahre nach Ende der Nazi-Herrschaft offenbar schwer, eine vorurteilsfreie Haltung gegenüber Juden (und in der Folge auch gegenüber Israel) einzunehmen. Dies hat einerseits mit einem frappanten Mangel an Empathie und andererseits mit einer Unfähigkeit zur Analyse der eigenen Gefühle zu tun. Beides wird im Laufe des Buchs noch häufiger zur Sprache kommen. Ein instruktives Beispiel für die Negation der eigenen Gefühle sind die Reaktionen der Kritiker auf Peter Schneiders 1987 publizierte Erzählung *Vati*, die im folgenden Kapitel genauer untersucht werden sollen.

Der Vati-Komplex

Von negierten Gefühlen

»Peter Schneider wagt sich an ein monströses Thema« – ich weiß nicht, warum mir dieser Untertitel einer *ZEIT*-Rezension anlässlich der Veröffentlichung von Schneiders Erzählung *Vati* im Gedächtnis geblieben ist.[24] Ich war damals sechzehn Jahre alt, hatte das Buch noch nicht gelesen und würde es erst sehr viel später tun. Dennoch blieb der Satz auf sonderbare Weise hängen. Fast dreißig Jahre danach hatten wir den umstrittenen Autor zu Gast im Institut in Israel. Er sollte einen Film vorstellen, zu dem er das Drehbuch verfasst hatte. Außerdem hatten wir ihm vorgeschlagen, aus seinem Buch *Und wenn wir nur eine Stunde gewinnen* zu lesen, einem authentischen Bericht vom Überleben eines jüdischen Musikers im Berlin der Nazizeit. Eine unverfängliche Sache. *Vati* hatte ich wohlweislich nicht erwähnt. Ohne Grund, so sagte ich mir, hätte das komplette Feuilleton der Republik die Erzählung schließlich nicht verrissen.

Auf den zahlreichen Fahrten im Land kamen wir schnell ins Gespräch. Irgendwann ging es um *Vati*. Schneider bekannte, dass die Zeit kurz nach der Veröffentlichung seine größte Krise als Schriftsteller gewesen sei. Nun kann es für einen deutschen Autor tatsächlich kaum etwas Schlimmeres geben als Plagiatsvorwürfe kombiniert mit Anschuldigungen, Naziverbrechen zu verharmlosen. Wie aber war es dazu gekommen? Schneider hatte mit seiner Novelle einige Aussagen über deutsche Gefühlswelten gemacht, die offensichtlich einen wunden Punkt trafen.

Zum Hintergrund: Einige Jahre nach dem Tod von Josef Mengele war im Hochglanzmagazin *Die Bunte* eine Reihe von Interviews mit dem Sohn des berüchtigten KZ-Arztes erschienen, in dem dieser von seiner Jugend und seinem einzigen Besuch bei dem in Brasilien untergetauchten Vater berichtete. Die Interviews wühlten Schneider auf, einerseits aufgrund der irritierenden Indolenz des Sohnes, der seinen Vater offenbar nie mit dessen Verbrechen zu konfrontieren vermocht hatte, andererseits aufgrund der biographischen Koinzidenz, dass der Mengele-Sohn das gleiche Gymnasium besucht hatte wie er selbst. Schneider fragte sich: »Wie wäre ich damit fertig geworden, wenn ich einen Josef Mengele hätte meinen Vater nennen müssen?« Und er begann zu schreiben.

Einige Zeit später befand Schneider sich als *writer in residence* in Amerika. Als er die sechzigseitige Erzählung in einem stabilen Stadium hatte, präsentierte er sie auf Einladung des Soziologen Leo Löwenthal in einem germanistischen Seminar in Berkeley. Die Reaktionen waren heftig und völlig unterschiedlich. Während eine Gruppe die Courage des Autors schätzte, konsequent die Perspektive des Sohns einzunehmen und zudem keinerlei Katharsis anzubieten, sprach der andere Teil von Verharmlosung. Beunruhigt von dem offensichtlichen Missverständnis entschied Schneider sich zu einem Eingriff, der größere Distanz zum Sujet herstellen würde: Er schrieb die Erzählung von der ersten Person auf die dritte Person um. Indes hatte er die Rechnung ohne den Verlag gemacht. Klaus Roehler, erfahrener Luchterhand-Lektor, witterte die potentielle PR der Provokation, die in der Ich-Perspektive verborgen lag, und appellierte an des Autors Mut. Schneider rückblickend: »Wenn man einen 68er auf seinen Mut anspricht, sind weise Entscheidungen nicht unbedingt zu erwarten – ich willigte dem Druck der ersten Fassung ein.«

Was nun folgte, ging weit über den normalen Rahmen eines Literaturskandals hinaus. Die Kulturseiten der deutschen

Zeitungen verurteilten die Erzählung einhellig. Die noch vor Erscheinen der Erzählung von der Journalistin Gerda-Marie Schönfeld im *Spiegel* erhobenen Plagiatsvorwürfe fielen zwar bald in sich zusammen.[25] Doch weitaus schwerer wog der Vorwurf der Verharmlosung von Nazi-Verbrechen und der mangelnden Sensibilität gegenüber den Überlebenden. Die Begründung: Jüdische Opfer fänden im Text keine Erwähnung. Zudem sei die Figur des Vaters farblos dargestellt, klischeebehaftet, keinesfalls jedoch als der grauenhafte Verbrecher, der Mengele tatsächlich war. »Von den Motiven, den Antrieben oder der seelischen Verfassung dieses Menschen wird nichts sichtbar«, monierte Uwe Wittstock in der *Frankfurter Allgemeinen Zeitung* und schloss: »Gründlicher konnte die Erzählung kaum missraten.«[26] Für den Journalisten der *ZEIT* war der Fall ähnlich klar: »Schneiders literarischer Absturz will überhaupt nicht enden.«[27] Die *Göttinger Woche* sprach von einem »literarischen Bitburg«, dessen sich der Rezensent »schämte«.[28] Im *Südwestfunk* forderte Wolfgang Pohrt gar »die Einstellung der Produktion«.[29] Und Gabriele Kreis urteilte in *Konkret*: »Sich aus fiktiver Sohnes-Perspektive anzunähern an ein Phantom des Grauens, kann nur anbiederisch werden. Mengele taugt so nicht als Novelle. Dass sich der Autor Peter Schneider anhängt an einen Nazi-Papi, ist obszön.«[30]

Liest man die Erzählung heute – ich tat es erst nach dem Besuch des Autors –, ist man angesichts solcher Kritik ratlos. Es ist, als ob die Journalisten nicht einen Text anders gelesen hätten, sondern einen völlig anderen Text. Denn des Autors offensichtliches Ziel war es nicht, das Porträt eines Nazi-Verbrechers zu zeichnen. Stattdessen galt sein Interesse der Figur des Sohns. Hierfür aber war die so folgenreiche Wahl des Ich-Erzählers eben nicht Vehikel zur Provokation, sondern angemessen, sogar zwingend notwendig. Diese Erzählperspektive bedeutet aber auch, dass eine Kritik an der Darstellung des Vaters, wie die oben erwähnten Rezensenten sie übten, schlechterdings nicht möglich ist. Zudem erhob die Erzählung gar keinen Anspruch auf historische Korrektheit, ja, sie hatte nicht einmal die Absicht, irgendetwas über den Vater – geschweige denn über den historischen Mengele – auszusagen. Sie sagte nichts über den Vater-Täter aus, hingegen alles über den Sohn. Über einen Sohn, der sich nicht emanzipiert hat. Einen Sohn, der Schwierigkeiten hat, seine Gefühle zu analysieren und zu artikulieren. Und einen Sohn, der zwar Nationalsozialismus und Konzentrationslager verabscheut, dessen psychische Grundausstattung jedoch nachhaltig von dem odiosen Vater beeinflusst ist. Das war der eigentliche Kern der Erzählung, hierin lag ihre Ungeheuerlichkeit.

Was ist damit gemeint? Am deutlichsten wird der Einfluss des Vaters auf den Sohn in der Übernahme der Denkstruktur. Zwar lehnt der Sohn, wie erwähnt, jede Nazi-Tümelei ab. Die Tiefenstruktur seines Denkens indes folgt jenem Freund-Feind-Schema, das charakteristisch für den Vater ist: Nazis und Bolschewisten, Arier und minderwertige Rassen – der Vater ist seinem manichäischen Weltbild auch im brasilianischen Unterschlupf treu geblieben. Und immer wieder wird der Sohn eben dieses binäre Muster replizieren. »Was mich von meinem Vater trennte, war endlich gleichgültig geworden«, erkennt der Ich-Erzähler an einer Stelle, »jetzt zählte nur noch ein Unterschied: wer drinnen war und wer draußen.«[31] In Augenblicken größerer Distanz kann er seinen tiefen Wunsch nach etwas Drittem im System zumindest unbewusst verbalisieren: »Ich wollte [...] ihn schütteln, ihn würgen, um ihn endlich einmal zweifeln zu sehen.«[32] Zweifel, sie stehen hier für einen Austritt aus dem starren Denkschema, für die Relativierung der eigenen Position. Doch der destruktive Einfluss geht so weit, dass der Sohn nicht nur in der Auseinandersetzung mit seinem Vater, sondern in jeglicher Art von Stress-Situation das gleiche Verhaltensmuster an den Tag legt. Von der Begegnung mit seinem Vater erschöpft, begibt er sich am nächsten Morgen in die Stadt, wo er eine Zeitlang wie in Trance einer unbekannten Frau folgt. Er ist von seinem eigenen Verhalten zunehmend verunsichert und reagiert schließlich so, wie er stets unter Druck reagiert: »Sie in einen Hausflur zerren, ihr die Kleider vom Leib reißen oder mich vor ihr auf die Knie werfen – zu einer mittleren Geste war ich nicht fähig«.[33] In diesem Wutausbruch des Sohnes reflektiert sich die ganze mörderische Pathologie der Vätergeneration.

So weit Schneiders Erzählung. Aber hatten sich denn die Angehörigen der nachfolgenden Generation oder zumindest jene unter ihnen, die den Muff unter den Talaren beseitigen wollten, in der Wirklichkeit nicht substantiell emanzipiert? Ja und nein, lautet Schneiders Antwort. Wohl hat eine Abrechnung stattgefunden, aber es gab eben Bereiche der Tiefenstruktur, die dabei unangetastet blieben. Und so rechtet der Ich-Erzähler in Gedanken mit seinem 68er-Freund, der ihm als fiktiver Adressat des Berichts dient: »Als du mir dann noch erklärt hast, dein ›Alter‹ sei nun für dich ›gestorben‹ und jede Verbindung zu ihm abgebrochen, habe ich nur gedacht: bis auf den Monatsscheck«.[34] Es spricht für Schneiders Unabhängigkeit, dass er – zeit seines Lebens ein dezidierter Linker – nicht nur die Verdienste der 68er um die Vergangenheitsbewältigung in Deutschland hervorhebt, sondern auch auf einige verstörende denkerische Kontinuitäten verweist.

»Das Buch kam zu früh«, sagt Schneider, den die aggressiven Reaktionen darauf noch lange beschäftigten. »Man braucht da wohl einen zeitlichen Abstand.« Dass der allein freilich nicht alles richtet, zeigt *Opa war kein Nazi*, eine Untersuchung des Sozialpsychologen Harald Welzer und weiterer Autoren, bei der die Generation der Enkel zur Rolle ihrer Großväter im Nationalsozialismus interviewt wurde.[35] Dabei erwies sich, dass ein hoher Anteil der Befragten zu Schönfärberei der Vergangenheit der eigenen Großeltern neigt.

»Kumulative Heroisierung« ist der Terminus, den die Wissenschaftler benutzen, wenn unter dem Eindruck stetig wiederholter Familienüberlieferungen aus Tätern oder Mitläufern nach und nach Helden werden.

Aus Tätern werden Helden, während über jene, die in der Nazizeit Gefahren auf sich nahmen, um Juden und andere Verfolgte zu retten, eher geschwiegen wird. Einige dieser stillen Helfer waren auch an der Rettung des jüdischen Musikers Konrad Latte beteiligt, dessen Bekanntschaft Schneider eines Tages machte. *Und wenn wir nur eine Stunde gewinnen* heißt der Lebensbericht, den der Autor 2001 auf der Grundlage zahlreicher Gespräche mit Latte verfasste. Und wieder stieß er auf Unverständnis. So kritisierte die *Süddeutsche Zeitung*, dass die eigentlichen Helden auf einmal die Deutschen seien (jene nämlich, die Konrad Latte versteckten).[36] Ein undurchdachter Reflex. Wenn Schneider über diese Menschen schreibt, dann macht er genau damit deutlich: Der normale Deutsche hätte nicht mitlaufen müssen, hätte sich anders verhalten können. War diese Argumentation am konkreten Gegenbeispiel mehr als sechzig Jahre nach Ende des Krieges immer noch so unangenehm, dass man sie als Geschichtsklitterung denunzierte?

Abweichende Verhaltensweisen stellen für die Gesellschaft eine Herausforderung dar, denn sie zeigen Handlungsspielräume des Einzelnen. Aus eben diesem Grund werden Erzählungen über sie – bewusst oder unbewusst – verdrängt. Wie viele Menschen in Deutschland wissen beispielsweise um das erstaunliche Wirken des Gefängnispfarrers Harald Poelchau, der zahlreichen in Berlin untergetauchten Juden, darunter auch Konrad Latte, Unterschlupf vermittelte?[37] Ein noch radikalerer Fall ist der des Schreiners und Attentäters Georg Elser, der bereits vor Kriegsbeginn mit der Planung eines Anschlags auf die gesamte nationalsozialistische Führungsriege begonnen hatte. Am 8. November 1939 waren Hitler, Goebbels und zahlreiche weitere hochrangige Nazis wie jedes Jahr in Erinnerung an den missglückten Hitler-Ludendorff-Putsch im Münchner Bürgerbräukeller versammelt. Als der von Elser in minutiöser Arbeit in einer Säule verborgene Sprengsatz detonierte, befanden sich Hitler und seine Gefolgsleute schon nicht mehr im Saal – wegen des schlechten Wetters waren sie früher als erwartet nach Berlin aufgebrochen, so dass die ihnen zugedachte Explosion sie um elf Minuten verfehlte. Bei seinem anschließenden Fluchtversuch über die Schweizer Grenze wurde Elser verhaftet. Nach langen Verhören und Folter war er geständig und wurde ins KZ Sachsenhausen, später ins KZ Dachau überführt. Am 9. April 1945, genau einen Monat vor Ende des Krieges, wurde er auf persönlichen Befehl Hitlers exekutiert.

Im deutschen Widerstand nimmt Georg Elser aufgrund seiner Einzeltäterschaft eine Sonderrolle ein. »Einzelgänger werden bei uns noch schimpflicher unterschlagen als Linke«, bemerkt der Schriftsteller Rolf Hochhuth.[38] Und in der Tat: Elser setzte sein Vorhaben ohne jedes politische, kirchliche oder soziale Netzwerk um. Er verfügte, wiewohl technisch begabt, über kein Spezialwissen und hatte auch keinen besonderen Zugang zu seinen Opfern. Als ganz normaler Bürger kam er noch vor Kriegsbeginn und dem millionenfachen Mord an den Juden völlig allein zu dem Entschluss, die nationalsozialistische Führung zu beseitigen. Seine Tat, mehr noch als jeder andere Akt des Widerstands dieser Zeit, wurde damit für alle Deutschen zum Skandalon. Und eben weil die Tat dieses Mannes uns aufgrund dessen Normalität so skandalös nah ist, darf sie nicht an uns heran.

Im Lauf der Zeit, beginnend mit dem Remer-Urteil,[39] wurde der deutsche Widerstand allmählich rehabilitiert und in seinem Wirken gewürdigt.[40] Georg Elser indes blieb eine solche Würdigung lange versagt. Es bedurfte schon der Halsstarrigkeit eines Rolf Hochhuth, damit man 2011, fast siebzig Jahre nach Ende des Krieges, diesem Mann in Deutschlands Hauptstadt ein Denkmal errichtete. Noch heute ist Elser sicherlich der am wenigsten bekannte aller maßgeblichen Widerstandskämpfer (neben den Mitgliedern der kommunistischen Roten Kapelle). Der Grund ist in der relativen Distanz zu suchen, die der jeweilige Akt zur Existenz eines jeden von uns hat. So hatte der prominenteste Widerstandskämpfer, Claus Schenk Graf von Stauffenberg, Zutritt zur Wolfsschanze und damit einen Zugang zu Hitler, der dem normalen Deutschen verwehrt war. Und die Flugblattaktionen der Weißen Rose konnten in der historischen Einordnung stets als »wirkungslos« im Sinne eines unmittelbaren Regimesturzes dargestellt werden.[41] Solche Interpretationen erlaubt die Tat Georg Elsers nicht. Und genau darum wurde die Person Elsers nach dem Krieg wiederholt Ziel von verleumderischen Angriffen. Der ebenfalls in Dachau inhaftierte Pastor Martin Niemöller – er sollte später als Pazifist und Teilnehmer des Russell-Tribunals internationale Bekanntheit erlangen – verbreitete beispielsweise noch in den fünfziger Jahren das Gerücht, Elser sei SS-Mitglied gewesen. Und in einem Artikel von 1999 und zehn Jahre darauf noch einmal in Buchform zog der Chemnitzer Politikwissenschaftler und Mitarbeiter des Hannah-Arendt-Instituts (!), Lothar Fritze, in Zweifel, dass Elser zu seinem Attentat moralisch legitimiert gewesen sei, und suggerierte, Elser habe weniger aus politischen denn eigensüchtigen Motiven heraus gehandelt.[42] Fritze kam zu dem abenteuerlichen Schluss: »Nach Abwägung der wesentlichen Gesichtspunkte bleibt das Urteil, dass es sich bei dem Anschlag von Elser um eine Tat gehandelt hat, deren Ausführungsweise moralisch nicht zu rechtfertigen ist.«[43] Elsers Tat zwingt jeden Deutschen eindringlich zur Selbstbefragung. Wie sehr, zeigt Fritzes verbissener – und gänzlich unempathischer – Diskurs.

Im Grunde sind auch Schneiders *Und wenn wir nur eine Stunde gewinnen* und seine Erzählung *Vati* deutsche

Selbstbefragungen. Dass sie verstören, ist nicht verwunderlich, ihre aggressive Ablehnung hingegen schon. Sie liegt in der Befindlichkeit einer Gesellschaft begründet, die vor der Konfrontation mit ihren eigenen Emotionen zurückschreckt.

Und meine eigenen Bedenken, Schneider aus *Vati* lesen zu lassen? Sie waren im Grunde nicht berechtigter gewesen als die der damaligen Kritiker. Auch ich hatte Furcht vor dem falschen Vorwurf der Verharmlosung und der Insensibilität gegenüber den Opfern gehabt. Eine Lesung aus dem Überlebensbericht des Musikers schien mir die sicherere Option (was sie fraglos war). Mittlerweile bin ich überzeugt: Peter Schneider hätte ohne Probleme aus *Vati* lesen können. Mehr noch, es wäre äußerst interessant gewesen, die Reaktion in Israel zu erleben. Ich glaube, sie wäre sehr positiv ausgefallen. Auch nach dreißig Jahren – eine verpasste Gelegenheit.

Auftritte und Fehltritte

Von unmöglicher Wiedergutmachung

Der junge deutsche Philosoph in Tel Aviv sprach schnell und geistreich. Am Ende des Vortrags gab es die Möglichkeit zur Nachfrage. Jemand bat um weitere Ausführungen seines Konzepts der moralischen Wahrheiten. Der Philosoph nickte. Eine moralische Wahrheit beziehe sich auf die einzelne Handlung an sich. Der Mord an dem jungen Stalin bleibe unter diesem Blickwinkel beispielsweise eine unmoralische Tat, auch wenn er zweifellos das Leben vieler Millionen Menschen gerettet hätte. Das heiße beileibe nicht, dass man ihn nicht hätte durchführen sollen. Doch die moralischen Dimensionen dieser Tat zu leugnen sei unsinnig. Nach einer weiteren Frage war die Veranstaltung beendet. Das Publikum applaudierte.

Einige Tage darauf wurde in Jerusalem der schwergewichtige *Länderbericht Israel* der Bundeszentrale für politische Bildung vorgestellt. Eine deutsche Spitzenpolitikerin sollte zu diesem Anlass ein Grußwort entrichten. Nach einer Begrüßung durch den Leiter der lokalen Vertretung der Konrad-Adenauer-Stiftung begann sie zu sprechen. Sie sei erst das zweite Mal in Israel, doch mache sie hier unvergessliche Erfahrungen. Die Vitalität des Landes und die Menschen beeindruckten sie sehr. Dann wurde ihr Gesichtsausdruck ernst. Und sie erlebe hier täglich, wie die Inhumanität des Nationalsozialismus durch die Humanität der deutsch-israelischen Freundschaft überwunden werde. Sie schloss lächelnd mit einigen Allgemeinplätzen über Israel als *start-up nation* und die Möglichkeiten, die dies für die Zusammenarbeit biete. Der Vertreter der

Stiftung ergriff wieder das Wort. Man solle sich im Leben ja vor zu vielen Ratschlägen hüten, aber die Bundeszentrale für politische Bildung sei nun wirklich etwas Empfehlenswertes. Damit übergab er an die für die Buchvorstellung aus Bonn angereiste Mitarbeiterin der Einrichtung. Deren Ausführungen über Sinn und Zweck ihrer Organisation waren kurz und bündig: es gehe um »Aufklärung und um die politische Erziehung des deutschen Volkes«.[44]

Öffentliche Auftritte von Deutschen sind in Israel schwieriger als an allen anderen Orten dieser Welt. Muss die Shoah erwähnt werden oder nicht? Soll man über die eigenen, mutmaßlich belasteten Vorfahren sprechen? Und wie genau sind die eigenen Gefühle zu benennen, mit denen man das Land besucht? Beim unbewussten Ringen um die richtigen Antworten auf diese Fragen unterlaufen häufig Verdrängungen verschiedenster Art, und es ist nicht verwunderlich, dass jemand, wenn er seine Philosophie am Beispiel des Tyrannenmords zu erläutern versucht, dafür nicht auf den naheliegenden Hitler, sondern lieber auf Stalin zurückgreift. Für Politiker stellen sich all diese Fragen anders. Sie sind qua Amt dazu verpflichtet, von der Shoah zu sprechen. Kein Politiker ist jedoch gezwungen, jene Versatzstücke zu verwenden, auf die sich scheinbar alle deutschen Redenschreiber geeinigt haben. Gerade während der Feierlichkeiten zum fünfzigjährigen Bestehen der deutsch-israelischen diplomatischen Beziehungen im Jahr 2015 konnte man diese Formelhaftigkeit besonders schmerzlich wahrnehmen. Stets wurde für die nationalsozialistische Epoche die Umschreibung des »tiefsten Tiefpunkts« gewählt und diesem die Qualität der heutigen Freundschaft zwischen den beiden Ländern gegenübergestellt, die das Ergebnis eines veritablen »Wunders« sei.

Zwei unterschiedliche Aspekte irritieren an dieser Darstellung. Zum einen ist es fragwürdig, die Shoah und die aktuellen staatlichen Beziehungen in ein lineares Verhältnis zu setzen, als würden die Verwüstungen der Shoah durch die Gegenwart ungeschehen gemacht. So sprach die Politikerin bezeichnenderweise von der »Überwindung der historischen Inhumanität« – wie soll man sich so etwas vorstellen? Keine wie auch immer geartete heutige deutsch-israelische Beziehung kann die sechs Millionen toten Juden wieder zum Leben erwecken. Sie bleiben ermordet. Eine Wiedergutmachung ist unmöglich. Wie sehr viele Deutsche dies auch wünschen mögen: Es besteht kein kompensatorisches Verhältnis zwischen der aktuellen deutsch-israelischen Partnerschaft und den Greueltaten des Dritten Reiches. Der Historiker Dan Diner schlägt deshalb vor, sich die Vergangenheit stattdessen wie ein Schwarzweißbild vorzustellen, auf das sich mit der Zeit ein weiteres, farbiges Bild legt. Das Schwarzweißbild bleibt jedoch bestehen.

Die zweite Kritik an den Politikerformeln bezieht sich auf den Begriff des Wunders. Im Frühjahr 2015 hielt der damalige deutsche Außenminister Frank-Walter Steinmeier an der Jerusalemer Hebrew University eine Rede, in der er über das Verhältnis der beiden Länder reflektierte und insgesamt sieben Mal von einem Wunder sprach. So hieß es an einer Stelle: »Nur drei Generationen hat er gedauert – ein Wimpernschlag der Geschichte, könnte man sagen: der Weg vom dunkelsten Kapitel der Menschheit zu ihrem hellsten politischen Wunder!«[45] Er schloss mit den Worten: »Und vielleicht sogar gehört dieses Wunder nicht nur unseren beiden Ländern, sondern es kann hinausstrahlen in die Welt! Es kann all jenen Hoffnung geben, die unter Konflikten leiden und in Furcht leben – denn dieses Wunder zeigt: Versöhnung ist möglich.« Nun sind mystifizierende Termini im Bereich des Politischen stets eine riskante Angelegenheit. Wirklich problematisch wird ihre Verwendung aber im Fall der deutsch-israelischen beziehungsweise deutsch-jüdischen Beziehungen. Denn von Wundern zu sprechen verstellt den Blick auf jene Menschen, die konkret Versöhnung geleistet haben. Man muss es sich immer wieder ins Gedächtnis rufen: Die heutigen bilateralen Beziehungen sind das Ergebnis unerhörter Anstrengungen der Shoah-Überlebenden und ihrer Nachkommen, die dazu bereit waren, schon wenige Jahre nach dem nationalsozialistischen Wüten wieder auf Deutschland zuzugehen. Die Aussöhnung, auf die sich der deutsche Außenminister bezieht, ist mithin kein Wunder, sondern eine bewundernswerte menschliche Leistung von Überlebenden und ihren Angehörigen, die wahrhaftig eine große Überwindung (und hier ist das Wort tatsächlich angebracht!) erforderte. Der Begriff des Wunders sagt in diesem Zusammenhang also gleichzeitig zu viel und zu wenig.

Wer aber von Wundern spricht, wird im Umkehrschluss auch geneigt sein, die Täter als Monster zu bezeichnen. Das Fürchterliche ist aber doch, dass die nationalsozialistischen Täter eben nicht Monster waren, sondern Menschen, die fürwahr monströse Taten begingen. Der Shoah-Überlebende Yehiel Dinur, der nach dem Ende des Zweiten Weltkriegs nach Israel kam, dort unter dem Pseudonym Ka-Tzetnik mehrere literarische Verarbeitungen seiner Lagererfahrungen veröffentlichte und auch in einem denkwürdigen Auftritt beim Eichmann-Prozess als Zeuge aussagte, formulierte es gegen Ende seines Lebens so: »Wo die Menschheit ist, da ist auch Auschwitz. Denn Auschwitz ist nicht vom Satan gemacht worden, sondern von dir und mir, und es war auch nicht Satan, der den Atompilz herbeigeführt hat, sondern du und ich. Der Mensch!«[46] Man liest solche Zeilen mit angehaltenem Atem, und die ihnen innewohnende Erkenntnis berührt umso mehr, als sie von einem Auschwitz-Überlebenden stammt. Ka-Tzetnik, der noch beim Eichmann-Prozess das Lager als einen »anderen Planeten«, als etwas Außerirdisches und jenseits der menschlichen Sphäre Liegendes beschrieben hatte, führte dasselbe später zu seinen menschengemachten Ursprüngen zurück. Ähnlich wie im Fall des Wunders sind es die Opfer des nationalsozialistischen Wütens, die uns daran erinnern, was den Menschen im Guten wie im Allerschlechtesten ausmacht. Wir sollten ihre dem Leiden abgerungenen Einsichten nicht durch ungenaue Formulierungen in Vergessenheit geraten lassen.

Wie aber soll es gehen? Lassen sich Fehler wie die beschriebenen vermeiden? Die öffentlichen Auftritte von Deutschen in Israel geraten meines Erachtens immer dann am überzeugendsten, wenn die Person bei sich bleibt und die eigenen Gefühle, womöglich eben auch die eigene Überforderung zu formulieren imstande ist. Vor einiger Zeit erlebte ich, wie der Filmemacher Michael Teutsch seinen Dokumentarfilm über ein legendäres Café in Jerusalem und die dort ein und aus gehende radikale israelische Linke der sechziger Jahre vorstellte. Er hatte diesen kleinen Film nahezu gänzlich aus eigenen Mitteln finanziert. Während der Fragerunde im Anschluss an die Filmvorführung erwähnte er, dass sein Vater bei der SS gewesen sei. Er tat dies ohne selbstanklägerisches Pathos oder den Wunsch, über die Distanzierung von seinem Vater eine fiktive Eintracht mit dem Publikum herzustellen.[47] Stattdessen konstatierte er einfach eine Tatsache, die für ihn und für die Entstehung seines Films eine wichtige Rolle gespielt hatte. Am Ende der Veranstaltung gab es lang anhaltenden Applaus.

Doch geklatscht wurde ebenso für den Philosophen, der über Stalins, nicht Hitlers Untaten räsonierte. Auch die Vertreterin der Bundeszentrale für politische Bildung, die das deutsche Volk aufklären will, wurde höflich verabschiedet. »Ist das israelische Publikum an solche Auftritte von Deutschen einfach schon gewöhnt?«, fragte ich einen israelischen Freund. »Kann sein«, erwiderte dieser lachend. »Ihr redet Unsinn, und wir schweigen. Aber manchmal«, fügte er hinzu, »wünscht man sich, dass jemand diese Übereinkunft einfach missachtet.« Dann erzählte er mir, wie er vor einigen Jahren zu einem Empfang des deutschen Botschafters eingeladen gewesen sei. Im Grunde habe jener Botschafter bei vielen Gelegenheiten eine ordentliche Figur gemacht. Aber bei diesem Empfang sei ihm die Ansprache völlig missraten. Er habe von der deutschen Geschichte geredet und von den deutsch-israelischen Beziehungen heute, und es habe, versicherte mein Freund, tatsächlich so geklungen, als ob er die Schuld für die historischen Verbrechen durch die Lieferung deutscher U-Boote an Israel sozusagen für kompensiert halte. Und in diesem Moment sei einer der israelischen Anwesenden, ein Enkel eines Shoah-Überlebenden in Tränen ausgebrochen. Er selbst sei fast froh gewesen darüber...

In Tränen ausbrechen. Oder weggehen. Vielleicht hilft manchmal nur die gezielte Verletzung jener zitierten Übereinkunft. Heißt dies aber, dass Gedenkrituale unsinnig seien? Mitnichten. Das kollektive Gedenken, das an solchen Tagen gepflegt und zumeist von Politikern ausagiert wird, erfüllt viele wichtige Funktionen. Es ist unabdingbar, dass die Auseinandersetzung mit Verbrechen, die von einer ganzen Gesellschaft begangen wurden, eben auch auf der gesellschaftlichen, der öffentlichen Ebene stattfindet, und das rituelle Gedenken an die Opfer gehört hierzu. Dass dieses normative Signal an die Gesellschaft sehr wohl wahrgenommen wird, zeigen die Pöbeleien von AfD-Vertretern gegen Mahnmale und Veranstaltungen in Erinnerung an die nationalsozialistischen Verbrechen. Allerdings muss sichergestellt sein, dass das Ritual solcher Gedenkveranstaltungen nicht sinnentleert wird und zum bloßen Protokoll verkommt. Sonst nämlich droht jene Formelhaftigkeit, die keinerlei Bewusstsein mehr enthält und daher kaum Bewusstbarmachung bewirkt. Eine bewährte Methode, dies zu vermeiden, ist die Beteiligung von Zeitzeugen. Indes ist dies kein Allheilmittel. So schildert der Regisseur Robert Thalheim in seinem beeindruckenden Spielfilm *Am Ende kommen Touristen* beispielsweise sehr genau die Gedankenlosigkeit und Routine, mit der solche Veranstaltungen von Seiten der Organisatoren bisweilen abgehalten werden.[48] Und doch gehört die Gedenkstunde im Bundestag, die alljährlich am 27. Januar unter Beteiligung eines Zeitzeugen durchgeführt wird, für mich stets zu den bewegendsten Momenten dieser Institution.

Selbstverständlich haben Zeitzeugen für die beiden Länder unterschiedliche Funktionen. In Israel sind ihre Erzählungen integraler Teil der Familiengeschichten, in Deutschland leisten ihre Aussagen einen wichtigen Beitrag im Kampf gegen die Leugnung der Geschichte. Was aber wird an die Stelle der Zeitzeugen treten, wenn ihre Generation in absehbarer Zukunft nicht mehr unter uns sein wird?

Die Erfindung einer Familie

Vom Wunsch dazuzugehören

Regelmäßig erhalte ich Anfragen aus Deutschland, ob das Goethe-Institut nicht Interesse an der Vorführung dieses oder jenes neuen Dokumentarfilms über einen Zeitzeugen der Shoah habe. Unterstützt man das Vorhaben nicht, ist mit dem Unmut des Filmemachers zu rechnen. In die nachvollziehbare Frustration über die Absage mischt sich allerdings häufig eine Nuance von Empörung, etwas Unterschwelliges, was sich nicht leicht fassen lässt. Ist es der Vorwurf falscher Einstellung? Eines mangelnden historischen Bewusstseins? Was geschieht hier? Es lohnt sich, ein wenig länger über diese Frage nachzudenken.

Zunächst eine grundsätzliche Feststellung: All diese Dokumentationen, die mal hervorragend, mal weniger gelungen sein mögen, sind in Deutschland von großer Bedeutung. Sie lassen eine Ahnung vom Grauen jener Zeit in einer Weise entstehen, die zumeist sehr unmittelbare Wirkung entfaltet, und sie sind auch im Sinne einer zukünftigen Shoah-Erinnerung wertvoll. Ihre Vorführung kann daher eigentlich auch in Israel nicht falsch sein. Oder doch? Nach einer dieser Veranstaltungen – ich weiß nicht mehr, ob in der örtlichen Cinemathek oder im Goethe-Institut selbst – beschlichen mich Zweifel. Ich fragte mich: Ist es nicht auf eine bestimmte Art vermessen, ja wohlfeil, wenn wir als deutsches Kulturinstitut in einem Land, in dem Leben und Sterben während des Nazi-Terrors Teil so vieler familiärer Erinnerungen ist, einen weiteren Film hierüber präsentieren? Was sähen die israelischen

Zuschauer – nicht ich, der Deutsche –, was sie nicht schon vielfach in ihren Familien gehört und gesehen hätten? Für viele der Filmemacher jedoch scheint eine Vorführung in Israel so etwas wie der Abschluss ihrer Arbeit zu sein, eine Art Absegnung, und zwar unabhängig davon, ob die Protagonisten im Land leben oder nicht. Was also steckt dahinter?

Im vorangegangenen Kapitel war von dem vergeblichen Wunsch nach Umkehrung der Geschichte die Rede, wie er unter anderem durch die falsche Verknüpfung von Vergangenheit und Gegenwart in deutschen Ansprachen in Israel zum Ausdruck kommt. Etwas Verwandtes lässt sich beobachten, wenn beispielsweise Regisseure aus Deutschland voraussetzen, dass zwischen dem deutschen und dem israelischen Publikum kein wesentlicher Unterschied bestehe. Oder, vielmehr, dass sich ihre eigene Rolle bei der Vorführung nicht grundlegend ändere. Denn eben dies ist der Fall. Nicht nur präsentieren sie, wie erwähnt, den Film gegenüber Zuschauern, die in der großen Mehrheit viele ähnliche Geschichten aus den Erzählungen in ihren Familien kennen, sondern sie tun dies auch als mutmaßliche Nachkommen von Tätern, seien diese nun opportunistische Mitläufer gewesen oder aktive, von der Rechtmäßigkeit ihres Handelns überzeugte Nationalsozialisten. Doch so, wie es keine Wiedergutmachung für die ermordeten Toten geben kann, kann es in Bezug auf die Geschichte auch keine Aufhebung der Gegensätze von Tätern und Opfern in den nachfolgenden Generationen geben. Das heißt nicht, dass keine Freundschaft, Zuneigung oder sogar Liebe zwischen Deutschen und Juden möglich sei. All dies ist selbstverständlich möglich, und es findet, je weiter wir uns von den historischen Ereignissen entfernen, umso häufiger statt. Es ist nicht einmal auszuschließen, dass die Shoah im deutsch-jüdischen Verhältnis langfristig an Bedeutung verlieren wird. Was jedoch nicht möglich ist, ist der selbsterklärte Wechsel des existentiellen Status in Bezug auf die Geschichte.

Entweder man ist Nachfahre von Opfern oder von Tätern. »Wir sind, wie immer wir uns dazu verhalten, die Söhne und Töchter der Täter, wir sind nicht die Kinder der Opfer«, heißt es in Peter Schneiders bereits diskutiertem Buch *Vati* treffend.[49] Wohlgemerkt: Die Rede ist hier keinesfalls von einer deutschen Erbschuld. Schuldig waren alle direkten oder indirekten Täter jener Zeit: Kriegsverbrecher, aber eben auch Mitläufer, Opportunisten und, so tragisch dies im Einzelfall gewesen sein mag, auch die Soldaten, denn sie kämpften – ob als Freiwillige oder Wehrpflichtige – nun einmal für die nationalsozialistische Sache. Das ist es auch, was die Einlassungen zur Rolle der deutschen Soldaten, wie AfD-Vertreter sie regelmäßig äußern,[50] so abstoßend und falsch werden lässt: Wie kann jemand Stolz empfinden für die Teilnehmer eines Eroberungs- und Vernichtungsfeldzugs? Was wäre da, dessen er sich rühmen wollte?

Einer, der hingegen kurz nach Kriegsende auf der Schuld selbst jener beharrte, die unfreiwillig am Krieg teilnahmen, war der Schriftsteller Wolfdietrich Schnurre. Geboren 1920, diente er sechseinhalb Jahre als junger Soldat, und begann, aus dem Krieg zurückgekehrt, sofort mit dem Schreiben. Auf den ersten deutschen Nachkriegsfilm, Wolfgang Staudtes 1946 gedrehtes und fraglos von wohlmeinenden Absichten getragenes Drama *Die Mörder sind unter uns,* reagierte Schnurre als einer der ganz wenigen mit deutlicher Kritik: »Die Mörder sind unter uns? *Wir* sind die Mörder«.[51] Und in der Tat, der eher unpolitische Staudte, im Dritten Reich noch Schauspieler, hatte sich, vermutlich auf Druck des Propagandaministeriums und um dem Wehrdienst zu entgehen, ebenfalls schuldig gemacht und in Veit Harlans berüchtigtem Propagandafilm *Jud Süß* eine kleine Nebenrolle übernommen. Staudtes Spielfilme, die sich mit der deutschen Vergangenheit beschäftigen (insgesamt sechs), lassen sich als eine fortschreitend radikalere Auseinandersetzung mit der eigenen Schuld interpretieren. Der letzte Film der Serie, *Herrenpartie*, schildert die Ankunft eines deutschen Männergesangsvereins in einem jugoslawischen Dorf, in dem während des Krieges ein Massaker an dessen männlichen Einwohnern verübt worden war. Der Film ist besonders bemerkenswert als ein Versuch, die Perspektive der Opfer, genauer die der überlebenden Angehörigen darzustellen. Die Vorführung des außerordentlichen Werks bei den Filmfestspielen in Cannes wurde noch 1964 von der damaligen Bundesregierung als »das Ansehen Deutschlands schädigend« offiziell untersagt.

So viel zur Kriegsgeneration. Die dieser Generation nachfolgenden Jahrgänge in Deutschland waren nicht an den Untaten ihrer Eltern oder Großeltern beteiligt und tragen daher keine Schuld. Doch sind sie, noch einmal, Nachfolgende von Tätern, und darum wird ihre Prägung in der Auseinandersetzung mit der Shoah eine existentiell andere sein als die von Nachkommen der Opfer. Ihre Erfahrung ist, wenn sie die Aufarbeitung der eigenen (Familien-)Geschichte konsequent betreiben, die einer Abgrenzung, nicht die einer Identifikation: Sie definieren sich in Ablehnung ihrer geschichtlichen Herkunft, nicht als deren Teil. Und dieser Unterschied ist ein kategorischer, existentieller, der sich nicht voluntaristisch überbrücken lässt. Dies gilt auch dann, wenn man als junger Deutscher exakt die gleichen Lehren aus der Shoah zieht wie ein junger Israeli und beispielsweise ein universelles »Nie wieder« formuliert. Der Unterschied wird schon allein darin offenbar, dass diese Schlussfolgerung in Deutschland kaum eine politische Positionierung bedeutet – es besteht ein breiter Konsens über die Grenzen der demokratischen Parteien hinweg –, während die universalistische Interpretation der Shoah in Israel eindeutig mit linken Kräften assoziiert wird. (Die rechte Auslegung lautet: »Nie wieder den Juden.«)

Dieser existentielle Unterschied ist es, der die Begegnungen von Kindern hochrangiger Nazitäter mit Kindern von

Shoah-Überlebenden, wie sie von dem israelischen Psychologen Dan Bar-On in den neunziger Jahren initiiert wurden, bei allem Respekt für das Programm ambivalent erscheinen lässt. Denn eine Aussöhnung ist einzig möglich auf der Grundlage der Unterschiedlichkeit, die in diesem einen Punkt zwischen Juden und Deutschen – zumindest solchen, deren Vorfahren nicht dem Naziregime zum Opfer fielen – herrscht. Selbst ein wie auch immer motivierter Übertritt zum Judentum kann diesen Unterschied nicht aufheben, liegt jener doch in der Vergangenheit begründet, nicht in der Gegenwart oder Zukunft. Beide, Nachfahren der Opfer und der Täter, müssen mit den Herausforderungen ihrer unterschiedlichen Familiengeschichte leben. Und wie lange sollte, wie lange wird diese Auseinandersetzung mit der Geschichte andauern? Eine Antwort ist schwierig, eines aber ist wiederum klar: Sie wird unterschiedlich ausfallen.

Was heißt dies alles aber nun für die Präsentation eines deutschen Shoah-Dokumentarfilms in Israel? Kann man ihn zeigen oder nicht? Ja, man kann. Allerdings sollte akzeptiert werden, dass eine vollständige Eintracht mit dem Publikum bei diesem Thema nicht herzustellen ist, dass die Erfahrungswelten von Juden und Deutschen in puncto jüngere Vergangenheit nicht zur Deckung gebracht werden können. Immer dann, wenn der Regisseur oder die Regisseurin sich dieses Umstands bewusst ist, wird die Vorführung zu einem würdevollen, der Schwere des Themas angemessenen Ereignis.

Unterdessen überwiegen die Fälle derer, die mit ihrem Film den ausgebliebenen Widerstand ihrer Vorfahren nachholen wollen und meinen, die unsichtbare Grenze zwischen Täter- und Opferfamilien überschreiten zu können. Da wird dann mit Bezug auf die jüdischen Protagonisten von »Adoptiveltern« oder »-großeltern« gesprochen, da fallen die Worte von der »großen Familie« und vieles mehr. Was an solchen Formulierungen stört, ist die Anmaßung gegenüber den Opfern und ihren Nachkommen. Ein Film entsteht immer aus einer Vielzahl von Motiven. Wiedergutmachungsneurosen aber können seinem Anliegen nur schaden.

Dies gilt für jede Art von dokumentarischer Arbeit mit Zeitzeugen, seien es Interviews, Fotoausstellungen oder anderes. So beschreibt beispielsweise eine deutsche Fotografin, die sich in einer ihrer Arbeiten den Shoah-Überlebenden und ihren Nachkommen widmet, in einem Nachwort zu einem Katalog ihre Erlebnisse in Israel: »Elias tanzt mir in all seiner 97-jährigen Lebenskraft entgegen, stellt mich seiner Familie vor, an den Wänden, auf dem Sofa, auf seinem Schoß. Helena, ich liebe dich, sagt er und drückt mir einen Kuss auf die Wange. Der Todestag von Nizas Mann. Niza im Mittelpunkt, klein, zerbrechlich, resolut und stark. Um sie herum tobt das Leben, Kinder, Enkel, Urenkel. Ich darf ein Teil der Familie werden.«[52] Der unterbewusste Wunsch nach einem Identitätswechsel wird von der Autorin im Folgenden sogar explizit artikuliert: »Ich werde so unglaublich reich beschenkt. Und die Erzählungen lassen sich auf meinen Schultern nieder. Eine auf der anderen, bis eine Helena aufhört zu existieren.«[53]

Bezeichnend ist auch die Reaktion auf die Vorstellung eines Buchprojekts einer Autorin in einem jüdischen Gemeindezentrum in Deutschland. Das – lohnenswerte – Projekt sah vor, Zeugnisse jüdischer Emigranten aus Deutschland zu sammeln, die sich aktiv an der Gründung des israelischen Staates beteiligt hatten. Die Gemeindevertreterin beschrieb den Abend später so: »Sie interviewt Frauen, die zwischen 70 und 100 Jahre alt sind, lässt sie ihre Lebensgeschichten erzählen und verewigen. Sie stammen aus deutschsprachigen Ländern, sind Jüdinnen und leben in Israel entweder seit ihrer Geburt oder wanderten im Zuge des Krieges ein. [...] Der Vortrag ist gut. Mit dem nötigen Ernst, Witz und Intellekt. Die Autorin spricht von ›my ladies‹, ›my grand old ladies‹. Der Vortrag ist gut, ihm fehlt jedoch etwas, das sich durch my ladies füllen will, dem das jedoch nicht gelingt. [...] *Es fühlt sich an, als hätte die Autorin es gerne, dass diese Frauen ihre eigenen leiblichen Großmütter sind*«.[54]

Was ist hier geschehen? Eine deutsche Autorin hat ein Buchprojekt dergestalt präsentiert, dass bei der jüdischen Veranstalterin der Eindruck aufkam, die Autorin wünsche im Grunde ihres Herzens, Enkelin von Überlebenden zu sein. Ähnliches lässt sich im Fall der Fotografin feststellen. Dieser Wunsch dazuzugehören aber ist letztlich narzisstisch, denn, obgleich im Gewand der Sorge um die Opfer und ihre Nachkommen daherkommend, ignoriert er in Wahrheit die überaus beschwerliche Realität der Shoah-Überlebenden, die zeit ihres Lebens mit den Albträumen der Vergangenheit und dem Schuldgefühl gegenüber jenen fertig werden müssen, die in den Lagern starben. Die Beschreibung des schwierigen Zusammenlebens mit ihnen aus Sicht der nachfolgenden Generation ist in der israelischen Literatur ein eigener Topos – die Bücher von Nava Semel und Lizzie Doron, die Texte von Savyon Liebrecht und Edna Mazya, Amos Oz' autobiographischer Roman seiner Familie und viele andere Werke sind berührende und zugleich bedrückende Beispiele. Der Soziologe Moshe Zuckermann, Sohn zweier Auschwitz-Überlebender, bemerkt in Reaktion auf die politischen Einlassungen eines jungen Deutschen sarkastisch: »Es will zuweilen scheinen, als wollten er und seinesgleichen Juden, die ihnen nicht in den ideologischen Kram passen, sehr wohl am liebsten ihr Judentum ›nehmen‹, vor allem aber das, was ihnen offenbar als begehrenswertes kulturelles Kapital vorkommt: dass sie Kinder von Holocaust-Überlebenden sind. Es sei hiermit beschieden: Nachkomme von Shoah-Überlebenden zu sein, ist lebensgeschichtlich ein sehr kleines Vergnügen.«[55]

Und ich selbst? Am Ende meines ersten Jahres in Israel war ich am Gedenktag der Opfer des Nationalsozialismus zu einer Veranstaltung in Massuah geladen, dem internationalen

Institut für Shoah-Studien. Meine Enttäuschung war groß, als ich bei meiner Ankunft feststellte, dass die Zeremonie nicht wie erwartet eine deutsch-jüdische war, sondern sich an Vertreter aller Arten von ausländischen Einrichtungen in Israel richtete. Und ich spürte, wie sich in mir Erschöpfung vom Nachdenken über die Shoah mit Frust über die Funktionalisierung des Erinnerns und dem tiefen Wunsch mischte, gemeinsam mit Überlebenden und ihren Angehörigen auf einer jener authentischen Gedenkveranstaltungen im Lande zu sein statt an diesem Ort.

Die existentielle Unterschiedlichkeit in Bezug auf die Vergangenheit macht die »große Familie« unmöglich. Doch enthebt uns diese Unterschiedlichkeit nicht der Verantwortung, uns um empathische Annäherung zu bemühen. Empathie aber ist das Gegenteil von Narzissmus. Empathie heißt, den anderen wahrzunehmen, die Gemeinsamkeiten wie auch die Unterschiede, welche nicht überwunden, sondern nur akzeptiert werden können.

Stolpersteine oder »stopping stones«?
Vom Erinnern am richtigen und am falschen Ort

Das Projekt war von hoher politischer Stelle empfohlen worden. Es sei der Wunsch der thüringischen Landesregierung, das Projekt nach seiner erfolgreichen Präsentation in Deutschland und anderen Ländern nun auch in Israel zu zeigen. Ob wir bei der Partnersuche behilflich sein könnten?

Es handelte sich um die Ausstellung *Industrie und Holocaust. Topf & Söhne – Die Ofenbauer von Auschwitz*, die, wie der Titel andeutete, die schreckliche Rolle der gleichnamigen Erfurter Firma bei der Judenvernichtung beleuchtete. Im Katalog zur Ausstellung stand einleitend geschrieben: »Man mag nicht gerne darüber nachdenken, aber es versteht sich eigentlich von selbst, dass wie am Fließband betriebener Massen- und Völkermord in ›Todesfabriken‹ – wie Häftlinge des Sonderkommandos, die in ihnen zur Arbeit gezwungen wurden, die mit Gaskammern ausgerüsteten Krematorien in Auschwitz-Birkenau nannten – auch eine technisch-praktische Seite hat.«[56] Die Ausstellung, als ständige Präsentation in der Gedenkstätte Buchenwald installiert, ist von außerordentlicher Bedeutung. Sie sucht Antwort auf jene konkreten Fragen, die für die Auseinandersetzung mit der Vergangenheit in Deutschland immer noch relevant sind. An dem erschreckenden Beispiel von Topf & Söhne zeigt sich ein weiteres Mal auf deprimierende Weise, wie viele willige und noch nach Kriegsende sich keinerlei Schuld bewusste Zuarbeiter die Mörder in jener Zeit hatten. Die Firma Topf & Söhne behandelte den Auftrag für die Ausstattung der Konzentrationslager (der nur einen minimalen Teil zu ihrem Geschäftsumsatz beisteuerte) wie eine ganz normale Kundenanfrage, bei der sie Wünsche berücksichtigte, die Wartung übernahm, technische Nachrüstungen bereitstellte und Vorschläge für eventuelle Verbesserungen machte. Das Unternehmen agierte aus keinerlei Zwang heraus, bemühte sich nicht um Vertraulichkeit gegenüber seinen Mitarbeitern und ließ alle Möglichkeiten des Rückzugs aus dem schändlichen Geschäft ungenutzt, die sich zu verschiedenen Zeitpunkten problemlos boten. Und in der vollkommen funktionalen Haltung des Firmenleiters Ludwig Topf, der später für sich reklamierte, lediglich »auf Befehl gehandelt und gleichwohl Schlimmeres [sic!] verhütet«[57] zu haben, erkennt man in nuce die deutsche Gesellschaft jener Tage.

Die Ausstellung ist, wie gesagt, gerade in ihrer Konkretion bemerkenswert, einer Konkretion, vor der man instinktiv zurückscheut. Was aber trieb die Landesregierung dazu, diese Ausstellung nach Israel exportieren zu wollen? Wie stellte man sich die Präsentation der finstersten Aspekte des Massenmords, der technischen Details seiner Umsetzung nämlich, durch eine deutsche politische Institution in Israel vor? Welche Reaktion hoffte man hervorzurufen? Rechnete man gar mit Beifall angesichts der vorbildlichen Auseinandersetzung mit der eigenen Vergangenheit? Das ganze Ansinnen lässt sich nur als eine Mischung aus erstaunlicher Naivität (»wir haben bislang keinen israelischen Partner finden können«) und unterbewusster Hoffnung erklären, über das Zeigen der Ausstellung im Land der Juden eine Art Absolution zu erlangen.

Jedes Erinnern findet in einem bestimmten Kontext statt und ist ortsspezifisch. Daraus folgt: Es gibt für jedes Erinnern richtige und falsche Orte. Und so richtig und wichtig die Ausstellung über die Zulieferer zum Genozid in Deutschland ist, so falsch und geradezu vermessen ist sie als deutsches

Exportprodukt in Israel. Erinnerungsarbeit sollte Deutschland und Israel zwar verbinden. Sie kann jedoch nicht die Unterschiede zwischen Tätern und Opfern und ihren jeweiligen Nachkommen in Bezug auf die Vergangenheit aufheben.

Unterdessen kann die Idee einer Präsentation der Topf & Söhne-Ausstellung in Israel lediglich als das Extrembeispiel einer sich verstärkenden Tendenz gesehen werden, die Aufarbeitung der Vergangenheit in Deutschland als Imagegewinn nutzbar zu machen. »Stolpersteine throughout America: German government organizes exhibition and lecture tour!«[58] Mit diesen Worten wurde jüngst per Mail eine Ausstellung zu dem bereits diskutierten Stolperstein-Projekt beworben, die mit Hilfe des Generalkonsulats in Boston organisiert worden war. Es sei einer jeden diplomatischen Einrichtung zugestanden, ihr Land in positivem Licht darzustellen. Problematisch wird dergleichen allerdings, wenn dafür die Auseinandersetzung mit der schuldhaften Vergangenheit herhalten muss. Ein Marketing wie das zitierte ist nur zum Preis eines Glaubwürdigkeitsverlusts zu haben. Denn ehrliche Aufarbeitung der Vergangenheit hat andere Ziele: die Suche nach Wahrheit, die Verfolgung der Täter, die psychosoziale Läuterung der Gesellschaft und das Ringen um Lehren für die Zukunft.

Letzteres ist übrigens auch der Grund, weshalb Vergleiche in Bezug auf den Nationalsozialismus nicht nur geboten, sondern sogar extrem wichtig scheinen. Denn sie dienen einer zukunftsgerichteten Erkenntnis. Natürlich gibt es eine Vielzahl unpassender Vergleiche, die lediglich auf einen Tabubruch spekulieren. Diese müssen, damit man nicht in die Aufmerksamkeitsfalle läuft, auf der Sachebene widerlegt werden. Doch bemerkt der Soziologe Harald Welzer völlig zu Recht: »[Man] verwechselte die Unvergleichbarkeit des Holocaust mit der Unvergleichbarkeit des Nationalsozialismus. Aber der ist eine Herrschaftsform, und ihr Aufstieg hat eine Gesellschaftsgeschichte, und die kann man allerdings vergleichen.

Man muss das sogar tun, um zu verstehen, was in der Gegenwart gerade geschieht.«[59] In genau diesem Sinn agierte auch der österreichische Schriftsteller Michael Köhlmeier, als er in Wien am 4. Mai 2018 beim landesweiten Gedenktag gegen Gewalt und Rassismus sprach. In seiner Rede kritisierte Köhlmeier sehr konkret die Politik der Regierungsparteien seines Landes, einer populistischen Koalition aus Konservativen und Rechtsnationalisten. Deren Vertreter reagierten erbost: »Dass er [Michael Köhlmeier] dabei die Ungeheuerlichkeit des Holocaust verharmlost und gleichzeitig eine Million österreichische Wählerinnen und Wähler pauschal verunglimpft, ist ein entbehrlicher Beitrag zur weiteren Spaltung der Gesellschaft«, hieß es in einer offiziellen Pressemitteilung von FPÖ-Vertretern.[60] Keinesfalls aber hatte Köhlmeier in seiner sechsminütigen Rede heutige Zustände mit der Shoah verglichen. Vielmehr ging es ihm um den Prozess der gesellschaftlichen Radikalisierung: »Zum großen Bösen kamen die Menschen nie mit *einem* Schritt, sondern mit vielen kleinen.«[61]

Wenn die deutsche Gesellschaft von heute überhaupt wieder in der Lage ist, einen Anspruch auf Integrität zu erheben, dann allein deshalb, weil man sich seit den sechziger Jahren der Aufarbeitung der Vergangenheit erst sehr zögernd, ab den siebziger Jahren in wachsendem Maße und vor allem mit zunehmender Aufrichtigkeit widmete. Natürlich enthielt (und enthält) diese Aufarbeitung weiterhin blinde Flecke, darunter insbesondere die Kriegsverbrechen im Osten wie beispielsweise die kaum ins deutsche Bewusstsein eingedrungene Blockade Leningrads, in deren Verlauf knapp eine Million Zivilisten verhungerten.[62] Gleichwohl waren die Bemühungen um Aufarbeitung der Vergangenheit aufrichtig. In der Nachfolge der deutschen Wiedervereinigung jedoch änderten sich allmählich Zeichen und Zeiten. Vergeblich setzte sich der damalige Vorsitzende des Zentralrats der Juden, Ignatz Bubis, dafür ein, die Erinnerung an Nationalsozialismus und Shoah im Grundgesetz festschreiben zu lassen.[63] Stattdessen wird diese nun einerseits von neurechter Seite in Frage gestellt und scheint andererseits vermehrt zum Gegenstand deutscher *public diplomacy* zu werden, die sich weniger um Analyse und Erkenntnis sorgt und stattdessen darauf zielt, symbolisches Kapital daraus zu schlagen.

Doch die Erinnerung wird nicht nur Gegenstand diplomatischen Agierens, es kommt auch zum, ja, Franchising von Erinnerungsformen. So reiste der Initiator der bereits erwähnten Stolpersteine, Gunter Demnig, 2016 nach Seoul, wo sich Studierende von seinem Projekt inspirieren ließen und gemeinsam mit dem Künstler sogenannte *stepping stones* in Erinnerung an die *comfort women* verlegten, jene koreanischen Frauen, die in japanischen Kriegsbordellen während des Zweiten Weltkriegs zwangsprostituiert wurden und bis heute um die Anerkennung ihres Leids kämpfen.[64] Es ist betrüblich und doch wahr: Nicht allein offizielle Institutionen praktizieren den Export dieses an sich bemerkenswerten Kunstwerks, sogar der Künstler selbst tat das. Und setzt die Stolpersteine damit ungewollten Fragen zu ihrem Wesen aus. Denn vom Austausch der Erinnerungsform ist es kein allzu großer Schritt bis zur Austauschbarkeit des Inhalts. Seit kurzem gibt es auch *stopping stones* (man bemerke die linguistische Differenzierung): »Inspired by Gunter Demnig's Stolpersteine – the USA's *Stopping Stones* for the millions [sic!] of victims of slavery.«[65] In diesem Licht erlangt die Unterstützung der erwähnten Ausstellung durch das Deutsche Generalkonsulat eine weitere bedenkliche Note. Geht es allein um *nation branding* oder steht dahinter vielleicht auch der Versuch, die Shoah in der globalen Kategorie der Genozide und Kriegsverbrechen zu einem Ereignis unter vielen werden zu lassen?

Gunter Demnigs Kunstwerk bleibt ein beeindruckendes Mahnmal. Es ist konkret. Es ist interaktiv. Es ist zugänglich und doch nicht banal. Und es wird nie abgeschlossen sein.

Gerade aber weil es so beeindruckt, kann man nur hoffen, dass der Künstler die publikumswirksame Präsentation der Stolpersteine an anderen Orten, ihre Verfügbarmachung für politische Werbezwecke und ihre Relativierung durch ostasiatische und transatlantische *Spin-Offs* nicht fortsetzt. Es gibt richtige und falsche Orte der Erinnerung.

Politkommissare

Vom Interesse und vom Desinteresse an Israel

Vor einiger Zeit machte ich in der Wartehalle des Berliner Flughafens die Bekanntschaft eines jungen Wissenschaftlers, dessen Forschungsgebiet die israelische Linke der sechziger und siebziger Jahre ist. Er berichtete mir von seinen anfänglichen Schwierigkeiten, als Deutscher eine halbwegs objektive Position zu seinem Thema einzunehmen, wie sie für wissenschaftliche Arbeit erforderlich ist. Schon bald nach dem Abflug nach Tel Aviv waren wir tief in die deutsch-israelischen Beziehungen eingestiegen, und irgendwann kam die Rede auch auf die Antideutschen.

Die antideutsche Strömung entstammt dem Lager der radikalen Linken und entwickelte sich in Deutschland zu Beginn der neunziger Jahren in Reaktion auf zwei zentrale politische Ereignisse: den Zusammenbruch des realsozialistischen Systems und die darauf folgende deutsche Wiedervereinigung. Der Verlust ideologischer Gewissheiten, der mit dem Ende des Sozialismus einherging, prägte das antideutsche Denken allerdings eher unterbewusst; die Wiedervereinigung hingegen stellte den expliziten Referenzrahmen dar, gegen den man sich zur Wehr setzte. Leute wie Hermann L. Gremliza, Herausgeber der Zeitschrift *konkret*, oder Thomas Ebermann, ehemaliger Grünen-Fraktionsvorsitzender im Bundestag, der gemeinsam mit anderen Ökosozialisten 1990 aus »Protest gegen die realpolitische Tendenz« aus der Partei austrat, waren in diesen Jahren die bekanntesten Figuren der Bewegung, zu der bald weitere, noch radikalere Vertreter zumeist aus dem kommunistischen und autonomen Milieu stießen. Man wollte Widerstand leisten gegen ein neues, unreflektiertes Bekenntnis zur Nation, das knapp fünfzig Jahre nach Ende des Weltkriegs in Deutschland wieder fröhliche Urstände feierte und in zahlreichen rassistischen Übergriffen Ausdruck fand. Auch die Shoah verlor in den folgenden Jahren ihre prägende Kraft für große Teile der deutschen Politik und Gesellschaft. Natürlich pflegte man weiterhin die Erinnerung an das singuläre Verbrechen, doch begann in dieser Zeit das Gedenken in den öffentlichen Veranstaltungen mehr und mehr zu einer pflichtschuldigen Geste zu erstarren. Der Tel Aviver Soziologe Moshe Zuckermann, der Ende der neunziger Jahre am Wissenschaftskolleg in Berlin arbeitete, beschrieb die Situation in jener Zeit mit folgenden Worten: »Es wird nicht relativiert, schon gar nicht verdrängt, aber das Lippenbekenntnis zu dem, an welchem es vorgeblich nichts herumzudeuteln gibt, erweist sich letztendlich doch als Sprungbrett für die Legitimierung einer neuen Befindlichkeit.«[66]

Die antideutschen Gegenpositionen zu diesen Tendenzen waren: Anti-Nationalismus und eine uneingeschränkte Israelsolidarität. Aus Letzterer folgte – überraschend für eine sich selbst als linksradikal definierende Strömung – eine Gegnerschaft zu Antiamerikanismus und bestimmten Formen des Antikapitalismus, welche die Antideutschen als strukturellen Antisemitismus ablehnen. In der Nachfolge der zweiten Intifada und der Anschläge auf das World Trade Center wurde zudem eine prononcierte Islamkritik zum Erkennungszeichen. Die Zeitschrift *Bahamas*, das Zentralorgan der Antideutschen, befürwortete die Kriege im Irak denn auch ohne jede Vorbehalte und zog gegen den »Islamfaschismus« zu Felde.[67] Zugleich ist die antideutsche Bewegung als eine Distanzierung von diversen historischen Beispielen für linken Antisemitismus zu verstehen (Kampagne gegen Kosmopolitismus in der stalinistischen Sowjetunion, antisemitische Tendenzen innerhalb der revolutionären Strömungen in Westdeutschland Ende der sechziger Jahre, staatlich betriebener Antisemitismus und aggressiver Anti-Israelismus in der DDR[68] und weitere Fälle). Darin liegt sicherlich ihr Verdienst. Dabei ist – wie jede gesellschaftliche Bewegung – auch die Gruppe der Antideutschen heterogen. Neben zahlreichen Antifa-Vertretern gibt es Ideologiekritiker, die sich auf Marx und die Frankfurter Schule beziehen, neben vielen Ultrazionisten mit dürftigen Israelkenntnissen finden sich auch Kenner des Landes.

Dass kurz nach der Jahrtausendwende in Berlin das zentrale Denkmal für die ermordeten Juden Europas realisiert wurde, ist nur oberflächlich ein Widerspruch zu dem wachsenden Bedeutungsverlust der Shoah in jenen Jahren. Vielmehr scheint es bei genauem Hinsehen, als wollte Deutschland damit dem jahrelangen Ringen um ein angemessenes Gedenken in einem finalen Akt und mit einer möglichst großen Form ein für alle Mal ein Ende setzen. Jüdische Skeptiker des Vorhabens wurden von Lea Rosh, der treibenden Kraft des Projekts, mit den Worten beschieden: »Halten Sie sich da raus, die Nachkommen der Täter bauen das Mahnmal, nicht die Juden.«[69] Es waren, weiß Gott, selbstbewusste Töne, die da von Deutschen gegenüber den Opfern des Nationalsozialismus und ihren Nachkommen angeschlagen wurden. Wohlgemerkt: Das eigentliche Problem des Berliner Denkmals – neben dem zumindest diskutablen Ausschluss anderer Opfergruppen[70] – liegt in seiner ästhetischen Funktion. Es soll an die Ermordung von sechs Millionen Juden erinnern, ist aber, wie die vielen Picknick haltenden Touristen erahnen lassen, im Grunde »ein Ort, an den man gerne hingeht« (Ex-Bundeskanzler Schröder).[71] Statt auf eine anti-symbolische, negative Ästhetik zu setzen, die die von den Toten hinterlassene Leere erahnbar machte, fiel der Urheber Peter Eisenman hinter wichtige konzeptionelle Errungenschaften der letzten Jahre zurück. So hatten bereits in den achtziger Jahren Jochen Gerz und Esther Shalev-Gerz mit ihrem Harburger Mahnmal gegen den Faschismus (1986) oder Horst Hoheisel mit dem negativen Abguss des Aschrottbrunnens in Kassel (1987) überzeugende Beispiele dafür geschaffen, wie man mit einem Mahnmal Abwesenheit und Unsagbarkeit und damit auch eine Skepsis gegenüber dem Mahnmal selbst thematisiert. Der eigentliche erkenntnistheoretische Schritt war dabei gewesen, nicht den physischen Platz, sondern den Betrachter als »Ort der Erinnerung« und damit als Mitautor zu identifizieren.[72]

Im Fall des Denkmals von Peter Eisenman hingegen liefern 2711 Betonblöcke eine ebenso klassische wie schwammige Symbolik (die sich genauso auf die Gefallenen des Ersten Weltkriegs oder die zivilen Opfer des Hamburger Feuersturms beziehen könnte) und einen gefälligen Bombast (von gleichsam nazistischen Ausmaßen). Man räumte dem Denkmal einen riesigen zentralen Platz in der neuen Hauptstadt ein, doch den Mut oder die innere Überzeugung, es abstoßend und verstörend zu gestalten, damit es dauerhaft Widerwillen und Irritation und eben gerade dadurch Reflexion hervorrufe, hatte man offenbar nicht. Es macht damit die unklaren Vorstellungen seiner Initiatoren von der eigentlichen Funktion des Ortes deutlich: Soll es ein Denkmal oder ein Mahnmal sein? Steht das Gedenken der Opfer im Vordergrund oder aber die Mahnung an die Täter und ihre Nachkommen?

Dabei hatte es im Wettbewerb geeignete Alternativkonzepte gegeben. Von dem oben erwähnten Horst Hoheisel beispielsweise stammte der Vorschlag, einen Teil des Brandenburger Tores rückzubauen, zu zermahlen und die Bruchstücke am Ort des Mahnmals zu verstreuen. Dieses Konzept hätte zweifellos eine subversive »Präsenz der Abwesenheit« geschaffen. Man stelle sich nur das alljährliche Silvesterfeuerwerk vor der Kulisse des fehlenden Brandenburger Tors vor. Und auch die Idee des Künstlerduos Stih & Schnock, anstelle eines Denkmals eine Haltestelle für Busse einzurichten, die die Betrachter zu den realen Orten der Vernichtung fährt, wäre überlegenswert gewesen, denn sie hätte nur bei aktiver Teilhabe der Betrachter funktioniert. Der am Ende siegreiche Entwurf indes legt die Vermutung nahe, dass es bei dem Denkmal gar nicht darum ging, eine immer wieder neue Aufarbeitung des Geschehenen anzuregen. Diskussionen sollten, so scheint es, beendet, nicht eröffnet werden.

Und so wurden die 2711 Stelen ein Ausdruck jener neuen routinierten Indifferenz, die man gegenüber Israel und den dort lebenden Opfern und ihren Nachkommen an den Tag zu legen begann. Auch hierauf reagierte die antideutsche Bewegung. »Solidarität mit Israel [...] ist entweder bedingungslos oder sie ist keine«, konstatiert als ein Beispiel unter vielen Tjark Kunstreich kategorisch.[73] Aber sind die Antideutschen Israel und dem Judentum wirklich so verpflichtet, wie sie behaupten? Bei näherem Hinsehen erwachsen Zweifel. Ist ein bedingungsloser, jedem Bezug zur lokalen Realität bewusst entsagender Kritikverzicht nicht in Wahrheit eine Reduktion der (jüdischen) Israelis auf nichts als ihr Judentum? Werden nicht auf diese Weise die Juden in Israel von deutschen Nachgeborenen fast schon anmaßend objektiviert? In einem Artikel in *Haaretz,* der die israelische Linke gegen die Diffamierungen im eigenen Land in Schutz nimmt, beobachtet die bekannte Soziologin Eva Illouz: »Die israelischen Kritiker Israels repräsentieren den Zionismus in seiner Absicht, das jüdische Subjekt neu zu erschaffen, in Reinform: Sie stehen für den ›normalisierten‹ Juden, der mit dem Nichtjuden in seinem Vermögen, sich selbst als Mehrheit zu begreifen, gleichgezogen hat.«[74] Darum eben geht es doch – die Anerkennung des Staates Israel und seiner Bürger als selbstbewusste Subjekte. Unter dieser Perspektive indes erscheint die von den Antideutschen proklamierte bedingungslose Solidarität als wenig mehr denn ein ander Ausdruck von Indifferenz. Israel kommt in ihrem Diskurs nicht als eigenständiges Land vor, sondern lediglich als eine Art Projektionsfläche. Und so würden viele Israelis bis weit in die Mitte der Gesellschaft hinein auch nur den Kopf schütteln über Behauptungen wie beispielsweise die, dass die »Siedlungen für einen dauerhaften Frieden nicht das Problem sind« und die israelische Regierung diese baut, »um die Gefahr einzudämmen, dass der palästinensische Traum von einer Kein-Staat-Israel-Lösung [...] Wirklichkeit wird«.[75] Und was ist von jemandem zu halten, der auf seiner Homepage mehrfach voller Stolz verkündet, »als einziger deutscher Forscher Referent bei den beiden wichtigsten Antisemitismuskonferenzen des Jahres« gewesen zu sein?[76] Wäre dies, ginge es ihm einzig um Israel und die Juden, nicht eher ein Anlass zur Unruhe?

Dass zumindest bei den extremen Spielformen antideutscher Ideologie psychologisch mehr am Werk ist, lässt auch der aggressive Duktus der Unbedingtheit vermuten, mit dem die Positionen formuliert werden und der an das Auftreten sowjetischer Politkommissare erinnert. So titelte *konkret* im Märzheft 2011 »KOTZEN. Linke Antisemiten« und widmete gleich sechs Seiten des Heftes der großflächigen Kritik an Moshe Zuckermann, einem der antideutschen Ideologie distanziert gegenüberstehenden ehemaligen Gesinnungsgenossen. Als Grundlage dienten den Autoren dabei nicht etwa dessen zahlreiche Bücher, sondern zwei Interviews.[77] Der Journalist Alex Feuerherdt kommt in seinem Artikel ›Totalausfall‹ zu dem Ergebnis, dass »Moshe Zuckermanns Urteil über die politischen Verhältnisse in Israel absurd wenig mit der Realität« zu tun habe. Die »Zustimmung von Neonazis stellt für ihn kein Problem dar«. Feuerherdt nennt Zuckermann »geschichtsvergessen« und hält ihm vor, »aus welchem Grunde auch immer das Geschäft der Antisemiten zu erledigen«.[78]

Es ist eine Sache (wiewohl in sehr vielen Fällen fragwürdig),[79] wenn jüdische Intellektuelle von Angehörigen der eigenen Gemeinschaft als antisemitisch bezeichnet werden.

Etwas deutlich anderes ist es indes, wenn derlei Unterstellungen von deutscher Seite erfolgen, wenn mithin der Sohn zweier Auschwitz-Überlebender sich von nachgeborenen Deutschen aufgrund seiner Haltung zu dem Land, in dem er lebt, des Antisemitismus zeihen lassen muss. Bei den Angriffen gegen Zuckermann lassen sich mehrere jener Verhaltensweisen erkennen, die bereits in den vorangegangenen Kapiteln analysiert wurden: Neben dem eigenmächtigen Negieren des Unterschieds zwischen Nachkommen von Tätern und Opfern und dem Desinteresse an der israelischen Realität vor Ort spricht aus der Denunziation insbesondere ein empathiefreies Verständnis von Verantwortung nach Auschwitz. Deutsche Verantwortung ohne Empathie aber, die These des zweiten Kapitels sei hier noch einmal wiederholt, ist eben keine Verantwortung, sondern nur deren Simulation. Vom rechten Rand in Anspruch genommen, ist sie verlogen, vom linken Rand zitiert – wie im Fall von extremen Antideutschen –, wird sie narzisstisch. Woher nehmen sich die (anti)deutschen Nachgeborenen das Recht, als Tugendwächter des Judentums aufzutreten und israelische Nachkommen der Shoah-Opfer in Bezug auf deren eigenen Staat derart zu maßregeln? Da aber der Standpunkt der Antideutschen aus prinzipiellen Erwägungen rührt und sie sich eigentlich nicht für die konkrete Situation im Land interessieren, ist es ihnen gleichgültig, ob die Kritiker Israels, die sie verfolgen, aus Deutschland oder aus Israel selbst kommen (und Letzteren schwerlich eine gewisse Kenntnis der örtlichen Verhältnisse abgesprochen werden kann). Übrigens sind einige Vertreter der Antideutschen in der Lage, diese narzisstischen Exzesse innerhalb der Bewegung zu benennen.[80]

Was aber hat gerade Moshe Zuckermann zur Hassfigur der antideutschen Bewegung gemacht? Mehrere Gründe lassen sich erahnen. Zum einen zeigte sich Zuckermann mehr als viele andere Historiker mit der radikalen deutschen Linken verbunden, und seit jeher war der größte Feind der Linken stets der linke Abweichler. Noch 2003 veröffentlichte Zuckermann mit Herman Gremliza und Thomas Ebermann unter dem Titel *Zweierlei Israel* die Protokolle eines dreitägigen Gedankenaustausches (der allerdings auf Seiten der deutschen Gesprächspartner eine vielsagende Unkenntnis Israels zutage brachte).[81] Auch benannte Zuckermann in seinen späteren Analysen ein mutmaßliches unterbewusstes Motiv vieler Vertreter der Bewegung, nämlich die Suche nach einer neuen Identität und einem neuen Standort, auf die sich die heimatlos gewordene Linke nach dem Zusammenbruch des Sozialismus begeben hatte. »Es ist genau diese instrumentelle Funktionalisierung von Auschwitz, die sich vorhalten muss, nicht nur Gewichtiges in der akuten politischen Praxis zu unterlassen, sondern auch nahezu nichts für ein genuines Auschwitz-Gedenken, welchem man sich angeblich so verpflichtet weiß, zu leisten.«[82] Der dritte Grund aber ist, dass Zuckermann sich im gleichen Maße, wie seine Möglichkeiten, sich in Deutschland Gehör zu verschaffen, schwanden, und wohl enttäuscht von der ausbleibenden deutschen Solidarität mit der Linken in Israel, selbst radikalisierte und zunehmend bereit war, in fragwürdigen Zusammenhängen aufzutreten. Mittlerweile publiziert er unter anderem im Wiener Promedia Verlag, in dem zwar größtenteils Texte radikaldemokratischer Denker herausgebracht werden, wo aber auch ein Buch des Israelhassers und Verschwörungstheoretikers Israel Shamir erschien. Oder er stellt sich für Interviews mit Journalisten wie Ken Jebsen zur Verfügung, einer Schlüsselfigur der neurechten »Mahnwachen für den Frieden«. »Ich habe keine große Wahl«, meint Zuckermann lakonisch. Doch nimmt er, der leidenschaftliche Marxist und Streiter für ein authentisches Shoah-Gedenken, damit in Kauf, von neurechten und antisemitischen Kräften in Deutschland als jüdischer Gewährsmann vereinnahmt und missbraucht zu werden.

In Israel hingegen wird Moshe Zuckermann durchaus geschätzt, und zwar nicht allein von einer kleinen Gruppe ultralinker Abweichler. Es liegt daher nahe, sein Scheitern in Deutschland auch als Ergebnis einer zweifachen Enttäuschung zu betrachten. Kurz nach dem Sechstagekrieg und auf dem Höhepunkt der Studentenunruhen wandte Zuckermann Deutschland den Rücken, um in Israel Wehrdienst zu leisten. Ist es zu weit hergeholt, hierin auch eine Reaktion auf die Israelfeindschaft eines Teils der radikalen deutschen Linken jener Zeit zu vermuten?

Das Flugzeug befand sich bereits im Landeflug auf Tel Aviv. »Die Beschäftigung mit Deutschen und Juden kann einen fertigmachen«, bemerkte mein Gesprächspartner schließlich. Es ist in der Tat ein hoffnungslos komplexer Knoten, ein hoffnungslos verknoteter Komplex. Und der zeitliche Abstand von siebzig Jahren hat die Dinge nicht einfacher werden lassen. Fast scheint es, im Gegenteil, als ob der symbolische Einsatz sich mit der Zeit sogar erhöht hätte.[83] Auch bedrängt mich, der ich in Israel lebe, die Frage, was die Verantwortung, die ich als Deutscher gegenüber dem Judentum empfinde, in der Praxis bedeutet. Anfang 2017 machte Angela Merkel sich die offizielle israelische Regierungsposition zu eigen, nach der eine Zweistaatenlösung »auf absehbare Zeit nicht sinnvoll diskutiert werden könne«. Ist das gelebte Verantwortung? Oder ist es ein weiteres Beispiel jener Indifferenz, von der bereits die Rede war? Einer Indifferenz, wohlgemerkt, die dann letztlich sogar das Verschwinden des Staates Israel, wie er derzeit existiert, in Kauf nähme. Denn es gibt nur vier vorstellbare Zukunftsszenarien für das Land – entweder eine Zweistaatenlösung oder aber eine schleichend sich ergebende Einstaatenlösung, bei der sich wiederum drei Varianten böten: eine Art von Konföderation (angesichts des jahrzehntelangen Konflikts eher eine Wunschvorstellung),[84] eine radikale Demokratie (und damit aufgrund der demographischen

Gegebenheiten das sofortige Ende Israels als selbstdefinierter *jüdischer demokratischer Staat*) oder eine Form von Apartheid (um die zahlenmäßig überlegene palästinensische Bevölkerung dauerhaft zu kontrollieren). Die beiden letztgenannten Optionen kann kein vernünftiger Mensch in Deutschland ernsthaft wollen. Und auch in Israel favorisiert immer noch eine Mehrheit der Bevölkerung die Schaffung zweier Staaten. Deren wesentliche Bausteine liegen nach den zahlreichen Verhandlungen der Vergangenheit auf der Hand. Neben der gegenseitigen Anerkennung beider Staaten gehören dazu eine symbolische Rückkehr einer zu definierenden Zahl von Palästinensern sowie materielle Kompensation. Einige Siedlungen müssten geräumt werden, andere nicht – eine Festlegung des genauen Grenzverlaufs würde in mehreren Schritten erfolgen müssen. Zuerst ginge es um eine Einigung über einen Großteil des Gebiets und zu einem späteren Stadium über die besonders umstrittenen Areale. Jerusalem würde, auch das dürfte außer Frage stehen, geteilte Hauptstadt beider Staaten sein.[85]

Wem wirklich an Israel liegt, der sollte sich also mit aller Kraft für eine Zweistaatenlösung einsetzen. Ein solcher Einsatz schließt eine – empathische! – Kritik der gegenwärtigen Politik des Landes ein. Der geplante massive Siedlungsausbau in den besetzten Gebieten,[86] die regelrechte Dämonisierung regierungskritischer NGOs,[87] der wachsende Einfluss orthodoxer und nationalreligiöser Kräfte in der Armee,[88] der staatliche Versuch einer Depolitisierung der Hochschulen,[89] die Einschüchterung der Kulturszene durch das Kulturministerium,[90] die gezielte Nationalisierung des gesellschaftlichen Diskurses,[91] ein sich verfestigender Alltagsrassismus,[92] die schleichende Einfuhr religiöser Elemente in staatliche Institutionen[93] – all das und mehr sind Tendenzen, die bei jedem, dem Israel am Herzen liegt, große Besorgnis erregen müssen, nicht nur, weil sie den Lösungsraum für einen israelisch-palästinensischen Frieden einengen, sondern auch, weil sie die israelische Demokratie als solche gefährden.

Was aber heißt empathische Kritik? Es ist dies eine Form der Kritik, die sich des Adressaten ebenso wie des Absenders bewusst ist und die von einem genuinen Interesse an Israel getragen wird. Eine Kritik im Bewusstsein also, dass Israel vom Trauma der Shoah geprägt ist und oberstes Ziel seiner Politik darum stets die nationale Sicherheit sein wird. Eine Kritik im Bewusstsein zudem, dass sie, wenn sie aus Deutschland kommt, von Nachgeborenen von Tätern geäußert wird. Und eine Kritik schließlich, die, in Verbundenheit mit dem Land geäußert, Israel selbst dient und nicht einer Instrumentalisierung zu fremdem Zwecke.

Abzulehnen ist daher uninformierte oder gedankenlos formulierte deutsche Kritik an Israel genauso wie eine solche, deren eigentliches Motiv die Selbstentlastung vom Tätertrauma oder eine andere israelfremde Causa ist. Wenn also ein deutscher Außenminister, der bis dahin nicht durch eine explizite Menschenrechtsagenda aufgefallen war, in Israel öffentlich kritisiert, dass er von Regierungsseite an einem Treffen mit Vertretern linker NGOs gehindert werde, widerspricht diese Äußerung den oben erläuterten Maßgaben von empathischer Kritik – sie verfolgt einen israelfremden, nämlich innenpolitischen Zweck.[94] Dem Außenminister ging es in dieser Auseinandersetzung offenkundig nicht um Israel, vielmehr wollte er die Gelegenheit nutzen, um sich in Deutschland angesichts der bevorstehenden Bundestagswahl als prinzipienfester Streiter für Menschenrechte zu positionieren. Statt, wie bei Staatsbesuchen allgemein üblich, das Protokoll im Vorfeld mit der anderen Seite verbindlich abzustimmen, ignorierte er die israelischen Bedenken und ließ es auf einen Eklat im Gastland ankommen. Dies ist, noch einmal, eben darum problematisch, weil eine (deutsche) Kritik an israelischer Politik, die aus durchschaubarem strategischen Kalkül und nicht aus

Interesse an Israel geäußert wird, ihren Wert verliert. Sie diskreditiert sich und, schlimmer noch, auch die betroffenen NGOs – Breaking the Silence und B'Tselem –, in deren Namen sie vorgeblich formuliert wird. Und das ist besonders bedauerlich, weil Letztere gerade in der gegenwärtigen Situation auf ernsthafte Unterstützung dringend angewiesen sind. Im geschickten Zusammenspiel mit ultrarechten Kräften in der Gesellschaft hat die israelische Regierung eine regelrechte Hetzkampagne gegen sie entfesselt. Sie und weitere kritische NGOs werden regelmäßig als »Vaterlandsverräter« gebrandmarkt und gezielt in ihren Aktivitäten behindert. Eine Instrumentalisierung für strategische Zwecke indes, zumal aus dem Ausland, schadet ihrem Ansehen im Land und leistet dem Vorwurf des Verrats Vorschub. Dabei ist *ihr* Interesse an Israel ohne Zweifel genuin.

Die Erhöhung symbolischer Einsätze

Von der Zukunft der Erinnerung

»Erst wollte man ihnen kein Gehör schenken. Nun kann man sie nicht loslassen.« Mit diesen Worten beschrieb der israelische Historiker Kobi Kabalek während eines deutsch-israelischen Workshops zur Shoah die Situation der noch lebenden Zeitzeugen.[95] Welche Form aber wird die Erinnerung annehmen in einer Zeit, in der die Generation der Shoah-Zeugen verschwunden und die Shoah zu einer historischen Erzählung geworden sein wird? Klar ist, dass die Antwort auf diese Frage für Deutschland und Israel unterschiedlich ausfallen muss. Und dennoch, so grundverschieden die Shoah-Erinnerung in Deutschland und Israel auch immer sein wird – eine Gefahr, scheint es, gilt für beide Länder gleichermaßen. Die Rede ist von der Erhöhung des symbolischen Einsatzes. Was ist damit gemeint?

Auch wenn, laut Primo Levi, die wahren Zeugen der Shoah jene sind, die sie nicht überlebten,[96] so besitzt doch jeder Auftritt eines Shoah-Überlebenden per se eine besondere Form von Authentizität, die in der Unmittelbarkeit der Darstellung liegt: Die Erinnerung mag den Betroffenen zwar nach der langen Zeit in dem einen oder anderen Punkt trügen, doch insgesamt kommt kein Zweifel an der Wahrhaftigkeit des Erzählten auf. Dieser Vertrauensvorschuss existiert nicht in gleichem Maße für andere Formen der Vermittlung, bei denen das Vertrauen sozusagen »erarbeitet« werden muss. Darin liegt die eigentliche Herausforderung der Shoah-Erinnerung in einer Zeit nach den autobiographischen Zeugnissen. Unterdessen gibt es verschiedene Möglichkeiten, mit diesem drohenden Authentizitätsverlust umzugehen. Von großer Bedeutung in diesem Zusammenhang sind die Anstrengungen von Institutionen wie Yad Vashem oder der Shoah-Foundation Steven Spielbergs, die Testimonials möglichst vieler Überlebender aufzunehmen und so für nachfolgende Generationen zu sichern. Auf ganz andere und geradezu paradoxe Weise können auch Kunst und Literatur dazu dienen, historische Wahrheiten zu vermitteln – man denke nur an die Romane von Imre Kertész, Jurek Becker, Jorge Semprún, an die frühen Installationen von Christian Boltanski und viele andere Kunstwerke, die den Betrachter häufig weitaus stärker emotional berühren als historische Dokumente. Dokumentierung und Fiktionalisierung stellen daher zwei sich ergänzende Aspekte im Feld der Erinnerungsarbeit dar. Im Verbund mit akademischer Forschung (die sowohl die archivierten Zeugnisse als auch die künstlerischen Verarbeitungen einer Prüfung unterzieht) sind sie die Grundpfeiler einer zukünftigen Erinnerung an die Shoah. Deutlich problematischer ist hingegen die Grauzone, in der Fakten und Fiktionen sich vermischen oder aber gezielt symbolisch aufgeladen werden.

Anlässlich der Feierlichkeiten zum fünfzigjährigen Bestehen der deutsch-israelischen diplomatischen Beziehungen fand in der deutschen Hauptstadt eine besondere Veranstaltung statt. Unter der Leitung von Simon Rattle spielten die Berliner Philharmoniker ein Gedenkkonzert auf historischen Geigen, die aus dem Besitz verfolgter jüdischer Musiker stammten. Zudem wurde das Konzert von Lesungen aus Eli Wiesels berühmtem Bericht *Nacht* und den Erinnerungen des Auschwitz-Insassen Henry Meyer interpunktiert. Viele prominente Politiker nahmen teil, der deutsche Außenminister hielt eine Rede. Doch der Abend hinterließ einen zwiespältigen Eindruck.

Man hatte sich entschieden, die restaurierten Violinen als Instrumente zu nutzen. Fünfzehn Orchestermitglieder spielten auf ihnen. Damit aber wurde in dem Konzert unter Ausnutzung der historischen Materialität der Instrumente die Grenze zwischen Lebenden und Toten verwischt, ließ man ihre ermordeten Besitzer symbolisch auferstehen. Natürlich wäre es möglich gewesen (wie auch an anderen Orten), die Geigen mit den Biographien ihrer historischen Besitzer lediglich auszustellen und gemeinsam mit den Philharmonikern ein »normales« Konzert zu organisieren. Dann jedoch hätte man auf eben jene implizite Botschaft verzichtet, dass die Toten doch noch ein kleines bisschen »da sind« und in einer solchen Veranstaltung gleichsam »zurückgeholt« werden können. Ohne das Spiel auf den Originalinstrumenten hätte es kein Heilsversprechen gegeben, und die mit dem Tod der Ermordeten entstandene Leere wäre nicht auf höherer (nämlich symbolischer) Ebene aufgehoben worden. So aber wurde es für alle Beteiligten ein Abend der Absolution und des Echtheitsschauers, mit Klängen, die, wie die Presse befand, »sich so zart entfalte[te]n, dass man tatsächlich den Beistand zu vernehmen glaubt[e], den die Musik angesichts des Holocausts geben konnte und kann.«[97]

Hierzu passte auch die Lesung aus Eli Wiesels autobiographischem Bericht *Nacht*, der im angloamerikanischen Raum eines der meistgelesenen Bücher über die Shoah ist.[98] Zeit seines Lebens hatte der Autor auf der absoluten Faktizität seiner Erzählung bestanden. Nun enthält der intensive Text jedoch eine Passage, die nicht zuletzt von einigen Auschwitz-Überlebenden als fiktiv eingestuft wird. Es handelt sich um die Szene, in der ein kleiner Junge im Schnee auf seiner Geige, die er während des fünfzig Kilometer langen Todesmarsches von Auschwitz nach Gleiwitz mitschleppt, ein Stück von Beethoven spielt und so den Mitgefangenen Trost spendet. Es geht hier nicht darum, die Diskussion über Wahrheit oder Fiktion des Abschnitts neu aufzurollen – die Frage lässt sich nicht abschließend klären.[99] Was hingegen eindeutig ist:

Die Gestaltung der Szene ist ausgesprochen literarisch und dadurch äußerst reich an symbolischem Gehalt. Und weil er so reich ist, läuft die Wirkung der Szene fehl. Der Leser, eigentlich noch mit der Verarbeitung des Grauens beschäftigt, das sich ihm in dem schmalen Buch so beeindruckend wie bedrückend vermittelt, wird unversehens mit der offensichtlichen Literazität und Symbolik einer geschilderten Begebenheit konfrontiert. Dies hat zur Folge, dass er, anstatt zu überlegen, wie der reale Wahnsinn der Konzentrationslager möglich werden konnte, sich mit der für die Gesamtaussage des Berichts gänzlich irrelevanten und nachgerade widerwärtigen Frage beschäftigt, ob ein Junge unter diesen Bedingungen überhaupt hätte in der Lage sein können, Geige zu spielen. Genau diese Passage aus Wiesels Text aber war es, die, als zweifelte man an der alleinigen Wirkung des Geigenspiels, von Ulrich Matthes zwischen den musikalischen Teilen präsentiert wurde und die damit den symbolischen Einsatz des Ganzen noch einmal potenzierte.

Das Programm der Veranstaltung macht damit eine konkrete Gefahr deutlich, die mit dem Verschwinden der Zeitzeugengeneration dem Shoah-Gedenken droht: Um den Authentizitätsverlust zu kompensieren, wird die Anwesenheit der Zeitzeugen auf der symbolischen Ebene postuliert und gleichsam künstlich verlängert. (Nicht zufällig nannte der deutsche Außenminister die Instrumente in seiner Ansprache »Zeugen der Shoah«.[100]) Eine symbolische Aufladung aber kann diesen Authentizitätsersatz nicht nur nicht leisten, sie produziert sogar einen gegensätzlichen Effekt. Statt zu einer tiefen Auseinandersetzung – rational und emotional – mit der Shoah und ihren Ursachen anzuregen, fördert sie lediglich eine oberflächliche Gefühligkeit. Und so wohnte man als Zuhörer des Konzerts, der Qualitäten der versammelten Akteure und Texte zum Trotz, einer Veranstaltung bei, die, wenn man Kitsch als eine künstlerische Ausdrucksform versteht, die beim Rezipienten »eine gedankenlose emotionale Sofortreaktion auslösen soll«,[101] ausgesprochen kitschig war. Während dies im Fall einer normalen Kulturveranstaltung jedoch nur ein ästhetisches Problem darstellt, wird es mit Bezug auf die Shoah eben auch zu einem moralischen.[102] Authentizität im Sinn einer zukünftigen Shoah-Erinnerung lässt sich nicht durch symbolische Aufladung herstellen, sondern entsteht in der Zeit nach der individuellen Zeugenschaft über gewissenhafte Dokumentation und Quellenarbeit oder aber – gleichsam als eine »Authentizität zweiter Ordnung« – über anspruchsvolle Fiktionalisierung.

Und was ist mit einer Mischung aus beiden? Bietet die seit einigen Jahren populäre Dokufiktion eine zeitgemäße oder sogar zukunftsgerichtete Möglichkeit des Umgangs mit der Shoah? Der weltweite Kassenerfolg von Steven Spielbergs Film *Schindlers Liste* und andere Beispiele mögen dies nahelegen. Doch das Genre hat ein eingebautes epistemisches Problem. Alle Produktionen dieser Art sind als Spielfilme dramaturgische Bearbeitungen und damit zwangsläufig Darstellungen, die anderen Regeln gehorchen als denen der Geschichtsschreibung. Da aber die Dokufiktion zugleich Anspruch auf historische Wahrheit erhebt, muss ihr Regisseur alles tun, um diese Bearbeitung der Geschichte vergessen zu machen. Die bisweilen geäußerte Klage von Lehrern, dass *Schindlers Liste* von Schülern als authentische historische Quelle wahrgenommen werde, ist daher kein unerwünschter Nebeneffekt des Films, sondern im Grunde die generische Bedingung seiner Produktion. Damit jedoch wirken Dokufiktionen diskurshemmend: So ist es gewesen. Reine Spielfilme hingegen, eben weil ihr erdachter Charakter von vornherein klar ist, regen zu produktiver Auseinandersetzung mit dem Stoff an. Und aus genau diesem Grund enthalten selbst solche fiktionalen Werke, die eine deutliche Verzerrung der Geschichte bieten, weniger Gefahrenpotential. Dieser letzte

Punkt ist bedeutsam und soll an einem Beispiel aus der Literatur erläutert werden.

Sehr lange war Hans Peter Richters 1961 publizierter Roman *Damals war es Friedrich* in Deutschland einer der absoluten Klassiker unter den deutschsprachigen Jugendbüchern über die NS-Zeit, und er wird bis heute vielerorts gelesen.[103] Schon bald nach seinem Erscheinen gelangte der Text auf viele Empfehlungslisten für deutsche Schullektüren und wurde in mehr als ein Dutzend Sprachen übersetzt. Das Buch schildert aus der Ich-Perspektive eines namenlosen Jungen die Geschichte vom Leben und Sterben seines jüdischen Freundes Friedrich, der zunächst seine Familie verliert und dann bei einem alliierten Luftangriff umkommt. Erst geraume Zeit später begann man, das im Buch Erzählte genauer zu untersuchen, und man erkannte, dass die Darstellung in vieler Hinsicht tendenziös und relativierend war. So werden viele antisemitische Stereotypen bedient – Friedrichs Familie lebt in materiellem Wohlstand, ohne dass deutlich wäre, woher dieser stammt, Friedrich selbst ist intelligenter als seine Klassenkameraden, alle jüdischen Figuren verhalten sich merkwürdig devot und vieles mehr. Auf der Seite der Täter hingegen gibt es im Grunde genommen lediglich einen einzigen überzeugten Nazi, während das Fehlverhalten der Mitläufer sogar von den Juden selbst entschuldigt wird.[104]

Wir haben es also mit einem Werk zu tun, dessen apologetische Intention zu teils groben Klischees und Verfälschungen auf der Erzählebene führte. Und dennoch war es *Damals war es Friedrich*, das am Anfang meiner eigenen Auseinandersetzung mit dem Nationalsozialismus stand.[105] Tief beeindruckt von der Lektüre begann ich, nach anderen Büchern über die Zeit zu suchen, und stieß bald auch auf solche, die die Vergangenheit anders und sehr viel wahrheitsgetreuer beschrieben. Ein fiktionales Werk, sei es ein Film oder ein Roman, fordert eben zum Abgleich mit der Realität auf und impliziert so seine eigene Kritik. Dokufiktion hingegen behauptet eine Kongruenz mit der Realität und löst infolgedessen keinen kritischen Impuls aus. Anders gesagt: Während die berühmte »Aussetzung der Ungläubigkeit«,[106] auf deren Entstehen im Zuschauer der Drehbuchautor eines Spielfilms hinarbeitet, nur für die Dauer des Films selbst gilt (oder eben der Lektüre), soll im Fall der Dokufiktion die Skepsis des Rezipienten dauerhaft überwunden werden. Und genau darin liegt die Gefahr des Genres speziell für das Thema der Shoah, eine Gefahr, die umso deutlicher wird, wenn man nicht einen von wohlmeinenden Absichten getragenen Film wie *Schindlers Liste* betrachtet, sondern ein mindestens fragwürdiges Werk wie Oliver Hirschbiegels *Der Untergang*. In diesem Film wird, um nur ein Beispiel zu nennen, die Figur des SS-Arztes Ernst Günther Schenck ausgesprochen positiv gezeichnet und mit aufopferungsvoll-menschlichen Zügen ausgestattet. Unterdessen besteht unter Wissenschaftlern Einigkeit, dass der historische Schenck keinesfalls als Vorbild taugt, hatte er doch an Menschenversuchen in Konzentrationslagern teilgenommen.[107] Die Vorstellung, dass Schüler den Film als dokumentarische Quelle rezipieren (wie es übrigens von den Machern des Films stolz postuliert wird),[108] erweckt Unbehagen. Doch etwas hat sich verändert in Deutschland. *Der Untergang* wurde zwar mancherorten kritisiert,[109] zugleich aber als offizieller deutscher Beitrag für den Oscar als bester fremdsprachiger Film nominiert. Man rufe sich zum Vergleich noch einmal die – falschen – Vorwürfe gegen Schneiders Text *Vati* ins Gedächtnis.[110] Die Erzählung wurde als Dokufiktion über Mengele missverstanden und aus diesem Grund verrissen. Heute hingegen erhält eine tatsächliche Dokufiktion über die letzten Tage Adolf Hitlers den offiziellen nationalen Segen und repräsentiert den bundesdeutschen Film in Hollywood.

Und wie sieht es in Israel aus? Gerade in den letzten Jahren war dort die Shoah-Erinnerung nicht vor dem Zugriff der Politik gefeit, die das nationale Gedenken für eigene Zwecke nutzbar zu machen versuchte.[111] Es überrascht kaum, dass auch hier eines der Hauptinstrumente der Aneignung die Erhöhung des symbolischen Einsatzes sein sollte. So hat der Terminus des Shoah-Überlebenden eine deutliche Wandlung durchlaufen. Verstand man darunter zunächst nur die zur Zeit des Nationalsozialismus in Europa ansässigen Juden und, noch genauer, insbesondere jene, die entweder ein Lager überlebt oder sich erst nach Ausbruch des Krieges zu retten vermocht hatten, so umfasst der Begriff inzwischen damalige Juden aus ganz anderen Teilen der Welt, beispielsweise aus Nordafrika und verschiedenen Ländern des Nahen Ostens. Der Prozess der Anerkennung als Shoah-Überlebender – an die offizielle Einordnung als solcher sind bestimmte staatliche Unterstützungsleistungen geknüpft – ist beileibe nicht abgeschlossen. Ungeachtet des allmählichen Verschwindens der direkten Zeitzeugen steigt die absolute Zahl der Shoah-Überlebenden paradoxerweise an. Dies verweist auf die Verschiebung, die stattgefunden hat und beispielsweise auch in bizarren Vorschlägen zum Ausdruck kommt wie dem einer (wenn auch marginalen) Minderheit, dass alle Juden in Israel je einen Toten »adoptieren« sollten, indem sie sich dessen Häftlingsnummer auf den Arm tätowieren lassen.[112]

Die symbolische Aufladung hat häufig einen politischen Hintergrund. So wurden die offiziellen Feiern zum siebzigjährigen Jubiläum des Staates am israelischen Unabhängigkeitstag am 18. April 2018 von Kulturministerin Miri Regev bewusst um eine akustische KZ-Referenz ergänzt: Zu jenem Teil des Programms, der der Shoah gewidmet war und bei dem Kinder mit gelben Sternen auf der Bühne erschienen, ertönten auf ausdrücklichen Wunsch der Politikerin diesmal aus den Lautsprechern Geräusche von ratternden Zügen und bellenden Hunden. Regev konstatierte: »Ich habe angeordnet, dass [die Shoah] in einer sehr formalen, ernsthaften Art dargestellt wird. [...] Und ich bin sehr zufrieden, wie es uns gelungen ist, [das Problem der Darstellung der] Shoah während der ganzen Vorstellung wirklich zu knacken.«[113] Ein israelischer Freund, Sohn einer Shoah-Überlebenden, bemerkte angewidert, dass man »diese Art von Disneyland vor zwanzig Jahren nicht gewagt hätte« – die tatsächlichen Shoah-Überlebenden hätten massiv protestiert. Nun indes sind sie zu alt und zu wenige.

Auch um die Fahrten nach Polen zu den Gedenkstätten der Konzentrationslager, wie sie in Israel für Soldaten und für Schüler der elften Klasse organisiert werden, ist ein erbitterter Streit entbrannt. Während im Fall der Soldaten insbesondere deren Bezeichnung als »Zeugen in Uniform«[114] in der Kritik steht, kommen die Einwände gegen die Klassenfahrten häufig von Psychologen, die vor den negativen Folgen einer zu frühen Konfrontation mit dem belastenden Thema warnen. Aber auch Pädagogen haben Zweifel. Einer der bekanntesten Kritiker des Programms ist Zeev Degani, Schulleiter des Gimnasia Herzliya, der ersten Schule in Palästina, die – noch lange vor der Staatsgründung – Hebräisch als Unterrichtssprache einführte.[115] Degani, in dessen Familie außer seinen Eltern und einem Onkel keiner die Shoah überlebte, richtet sich gegen die Funktionalisierung der Fahrten im Sinne einer nationalen Ideologie: »[Unter verdeckten Zielen] verstehe ich, den Holocaust zu benutzen, um Nationalismus und Isolationismus zu stärken: die Verbindung zwischen der Shoah und ›Dies wird uns nie mehr widerfahren‹ als einem grundlegenden Narrativ unseres Lebens. Ich halte es nicht für legitim, die Existenz des Staates auf diesem Horror zu gründen.«[116]

Dies alles führt den Publizisten Avraham Burg zu der Einschätzung, dass Israel »heute wesentlich abhängiger als bei seiner Gründung und stärker vom Holocaust geprägt [ist] als drei Jahre nach Schließung der Todesfabriken der Nazis.«[117] Israelis wie Degani, Burg und zahlreiche andere weisen auf die damit verbundenen Probleme hin – dass nämlich eine Shoah-Erinnerung, wie sie in Teilen im Land gepflegt und von der Politik unterstützt wird, den Opferstatus der Juden perpetuiert und damit ein Hindernis auf dem Weg in eine friedliche Zukunft für Israel darstellt. Denn Israel ist schon lange nicht mehr Opfer, sondern Regionalmacht und auch regionale Besatzungsmacht. Burg und Degani fordern für Israel daher eine bewusstere und zugleich von heutiger Politik freie Erinnerung an die Shoah, die weniger symbolisch aufgeladen würde.

Es besteht für die Zukunft also die beunruhigende Möglichkeit, dass – bei aller existentiellen Unterschiedlichkeit – die öffentlich praktizierte Erinnerung an die Shoah in Deutschland und in Israel nach dem absehbaren Ende der autobiographischen Zeugenschaft stärker als bisher symbolisch verzerrt wird, sei es aufgrund uneingestandener Auferstehungs- und Wiedergutmachungsphantasien, sei es durch eine Verknüpfung von Gedenken und nationaler Agenda.[118] Eine verantwortungsvolle Erinnerung aber vermeidet symbolische Aufladungen.

Wo bleibt die Israel-Lobby?

Von mangelnder Unterstützung für die israelische Linke

Eine in der gesellschaftlichen Zusammenarbeit zwischen beiden Ländern engagierte deutsche Führungskraft erzählte mir einmal mit stolzem Unterton der Anerkennung für einen Kollegen und seinen Mut zur Auseinandersetzung: »Der sagt sogar den Juden was.«

Es ist ein weit verbreitetes Vorurteil in Deutschland, dass man Israel und die Israelis nicht kritisieren könne, ohne in den Verdacht des Antisemitismus zu geraten. In seinem 2012 erschienenen Gedicht »Was gesagt werden muss« reflektiert Günter Grass über das israelische Atomwaffenarsenal und die Bedrohung, die davon ausgehe: »Das allgemeine Verschweigen dieses Tatbestandes, / dem sich mein Schweigen untergeordnet hat, / empfinde ich als belastende Lüge / und Zwang, der Strafe in Aussicht stellt, / sobald er missachtet wird; / das Verdikt ›Antisemitismus‹ ist geläufig.«[119] Im gleichen Jahr kam es, nachdem das in Los Angeles ansässige Simon Wiesenthal Center den *Spiegel*-Kolumnisten und Verleger des *Freitag*, Jakob Augstein, auf seine jährliche *Liste der schlimmsten antisemitischen und antiisraelischen Verunglimpfungen* gesetzt hatte, zu einem Gespräch zwischen Augstein und dem damaligen Präsidenten des Zentralrats der Juden in Deutschland, Dieter Graumann. Im Verlauf des Gesprächs stellte Augstein fest: »Ich möchte als Journalist über israelische Sicherheits- und Siedlungspolitik keine verdrucksten Texte schreiben.«[120]

Nun kann, wer die Berichterstattung über Israel in den deutschen Medien verfolgt, allerdings zu der Überzeugung gelangen, dass es sich dabei in ihrer Mehrheit um kritische oder teils sogar sehr kritische Darstellungen handelt. Unterdessen hatte Augstein, als er von der Verdruckstheit sprach, offenkundig etwas anderes im Sinn als einen Mangel an kritischer Distanz. Dem Zitat vorausgegangen war nämlich folgender Wortwechsel:

»Augstein: Ich will diesen neurotischen Journalismus nicht. Ich schreibe über Angela Merkel oder über Amerika oder über die Linken oder die SPD nicht anders.

Graumann: Merken Sie denn gar nicht, dass das etwas anderes ist?

Augstein: Ich verstehe, dass Sie das sagen. Aber während ich schreibe, spüre ich das tatsächlich nicht.

Graumann: Dann lesen Sie es noch mal, bevor Sie es abschicken, mit Empathie.

Augstein: Das will ich gar nicht. Ich möchte als Journalist über israelische Sicherheits- und Siedlungspolitik keine verdrucksten Texte schreiben.«[121]

Wogegen sich Augstein also eigentlich wandte, war Empathie mit Israel (»das will ich gar nicht«). Er möchte sich beim Verfassen seiner Artikel über Israel schlichtweg nicht mit der psychologischen Ausgangssituation im Land beschäftigen, die in einem hohen Maße von der Sorge um Sicherheit geprägt ist. Sein Urteil soll die Vergangenheit ignorieren und allein über die Gegenwart richten dürfen. Dieses Anliegen freilich erscheint neurotischer als all das, was Augstein als »neurotischen Journalismus« abqualifiziert.

Ähnliches lässt sich für Günter Grass konstatieren. Wohl benannte der Autor in seinem eher prosaischen als lyrischen Text über die Bedrohung, die von der Atommacht Israel ausgehe, auch deutsche Schuld (»ureigene Verbrechen, die ohne Vergleich sind«) und verwies verklausuliert womöglich auf seine Mitgliedschaft in der Waffen-SS (»meine Herkunft, die von nie zu tilgendem Makel behaftet ist«). Doch fehlte bei allem die im Zusammenhang mit dem Thema des Gedichts so bedeutsame Opferperspektive. Stattdessen warnte der Autor vor der Gefahr, dass ein israelischer nuklearer Erstschlag das iranische Volk »auslöschen« [sic!] könnte.[122] Das titelgebende ›Was gesagt werden muss‹ bedeutete also nicht »Man muss als Deutscher Israel auch kritisieren dürfen«, sondern lief vielmehr hinaus auf ein »Man muss als Deutscher Israel auch ohne Empathie kritisieren dürfen«.

Dies aber geht eben nicht. Israel ist für Deutschland kein Land wie jedes andere. Man kann dem Land – gerade als Deutscher und vor dem Hintergrund des Traumas der Shoah – nicht das Recht absprechen, sich gegen alle eventuellen Vernichtungsphantasien seiner Gegner zu wappnen und dafür auch Atomwaffen vorzuhalten. Wie schlimm stünde es, wenn umgekehrt seine Feinde darüber verfügten? Die israelische Furcht vor einem atomaren Angriff des Iran ist sehr real und wird vom gesamten politischen Spektrum des Landes geteilt.

Und man kann auch nicht, wie Augstein es versucht, sich selbst in puncto historische Verantwortung für nicht zuständig erklären. Keiner hat ihn gezwungen, über Israel zu schreiben. Wenn er sich jedoch dazu entscheidet, muss die Kritik, die er als Deutscher übt, eine empathische sein, begleitet von einem glaubhaften Signal, dass dem Kritiker das Schicksal Israels genuin am Herzen liegt, Israel also gerade kein beliebig austauschbares Thema ist wie Angela Merkel, Amerika oder die SPD. Augsteins unumwundenes Eingeständnis, nie in Israel gewesen zu sein, legt freilich das Gegenteil nahe.[123]

Ist es dann womöglich besser, auf jede Äußerung zu Israel zu verzichten und sich in Schweigen oder Indifferenz zu üben? Immer mehr Menschen scheinen so zu denken. Doch ist dieser Schluss hochgradig gefährlich und falsch. Das Wohl Israels muss den Deutschen ein besonderes Anliegen und eine Aufgabe sein. Doch wer beschäftigt sich heute in Deutschland öffentlich wahrnehmbar mit Israel? Wenn man das Tableau der Institutionen und Individuen betrachtet, die sich jenseits der Korrespondenten regelmäßig zu israelischen Themen zu Wort melden, lassen sich insbesondere zwei Gruppen ausmachen. Da gibt es einerseits diejenigen, deren Position gegenüber der israelischen Politik reflexhaft affirmativ, oder jene, deren Stellungnahmen bewusst depolitisiert sind. Zu Ersteren zählen neben diversen antideutschen Stimmen auch journalistische Portale wie *ach.gut*, zu Letzteren viele lokale Vertretungen der Deutsch-Israelischen Gesellschaft, die aus öffentlichen Mitteln finanziert wird und deren Aufgabe es laut Satzung ist, »die Beziehungen zwischen Deutschland und Israel in allen Fragen des öffentlichen und kulturellen Lebens zu vertiefen« (§ 2, Abs. 1).

Auf der entgegengesetzten Seite findet man NGOs verschiedenster Schattierungen, die mehr oder weniger antizionistische Haltungen und eine kompromisslose Palästinasolidarität propagieren.[124] Der israelische Historiker Gershom Gorenberg schreibt: »Es gibt zwei verbreitete Darstellungen von Israel. Die erste legt die Betonung auf seine Erfolge. Es hat Juden eine Zuflucht und Souveränität in ihrem eigenen Land verschafft. [...] Es ist eine parlamentarische Demokratie. Wirtschaftlich hat sich Israel von einem Drittweltland in die Erste Welt aufgeschwungen, von einem Obstausfuhrland zu einem Software-Exporteur. Das zweite Porträt zeichnet ein Land im Konflikt, geprägt von Terroranschlägen gegen Israelis, aber auch von Straßensperren, Mauern, Siedlungen und israelischen Offensiven in Gaza und im Libanon. In den Medien und in wissenschaftlichen Analysen richtet sich aus diesem Blickwinkel das Augenmerk zunehmend auf die Besatzung des Territoriums, das Israel 1967 eroberte, und auf die Misere der dort lebenden Palästinenser. [...] Diese beiden Darstellungen Israels bilden eine ebenso krasse wie irreführende Dichotomie.«[125]

In Deutschland ist eine dritte Position erforderlich, nämlich eine organisierte linke Israel-Lobby. Eine Lobby, die lautstark für kritische, nicht narzisstische Solidarität mit Israel wirbt. Eine Lobby, die empathisch, nicht neurotisch Kritik an der derzeitigen israelischen Politik und den Entwicklungen in der Gesellschaft übt. Und eine Lobby zu guter Letzt, die ein authentisches, nicht formelhaftes Verständnis von Erinnerung und Verantwortung vertritt.

Die vor wenigen Jahren gegründete deutsche Sektion des New Israel Fund, einer philanthropischen Organisation, die in Israel eine ganze Reihe liberaler NGOs unterstützt, ist ohne Frage eine solche Lobby, doch sie hat sich noch nicht ausreichend Gehör verschaffen können.[126] Auch ist – aufgrund begrenzter Mittel – die Anzahl ihrer öffentlichen Veranstaltungen gering. Dennoch, ihre grundsätzliche Ausrichtung und Zielsetzung entspricht genau dem, was hier zur Debatte steht und vonnöten ist.

Am besten kann ein empathisch-kritisches und zugleich zeitgemäßes Gesamtbild Israels durch die Begegnung von Menschen erzeugt werden. Dies geschieht beispielsweise bei den regelmäßig von der Bundeszentrale für politische Bildung (beziehungsweise ihren föderalen Vertretungen) organisierten Israelreisen, deren Programme der Komplexität des Landes gerecht werden. Auf andere Weise agiert das Deutsch-Israelische Zukunftsforum: Es unterstützt progressive binationale Projekte, die einen echten Beitrag zur Förderung der Zivilgesellschaft leisten. Leider sind die – aus beiden Ländern stammenden – Mittel des Forums sehr begrenzt. Denn um nichts weniger als die Zukunft der Zivilgesellschaft und der israelischen Demokratie geht es gerade angesichts einer Regierungskoalition aus Rechtsnationalisten (Likud und Israel Beitenu), nationalreligiösen Siedlern (HaBajit haJehudi), Ultraorthodoxen (Schas und Vereinigtes Thora-Judentum) und Nationalliberalen (Kulanu), die mit dem Rückbau elementarer gesellschaftlicher Rechte und demokratischer Errungenschaften beschäftigt ist. So wurde beispielsweise im Sommer 2016 ein NGO-Gesetz verabschiedet, das alle Nichtregierungsorganisationen, die mehr als die Hälfte ihrer Mittel von ausländischen staatlichen Geldgebern beziehen, dazu zwingt, diese Mittel auszuweisen.[127] Und seit längerer Zeit schon versucht das von der Siedlerpartei geleitete Justizministerium, dem Obersten Gerichtshof, der sich in der Vergangenheit häufig als Verteidiger demokratischer Werte erwiesen hat, seine weitgehenden Kompetenzen zu entziehen: Nach der Vorstellung der rechtsnationalen Justizministerin soll das Parlament befugt sein, einen vom Gerichtshof abgelehnten Gesetzesvorschlag bei Wiedervorlage mit einfacher Mehrheit in Kraft treten zu lassen. Und im Frühjahr 2018 fand sich in der Knesset in erster Lesung eine Mehrheit, die der Einführung der Todesstrafe für Terroristen zustimmte.

Die parlamentarische Opposition, mit 53 von 120 Knesset-Sitzen nominell durchaus nicht gering, ist dennoch kaum wahrnehmbar: Die ehemalige Arbeiterpartei und heutige Zionistische Union wie auch die Zentrumspartei Jesch Atid sind unter dem Eindruck des nationalistischen Regierungsdiskurses selbst weit nach rechts geschwenkt und nicht einmal imstande, die gröbsten Exzesse glaubhaft zu kritisieren. Sie sind zu austauschbaren Faktoren innerhalb des politischen Systems geworden und gehörten entweder der letzten Regierung unter Benjamin Netanjahu an (wie Jesch Atid und Ha-Tnu'a)[128] oder bemühten sich mit allen Mitteln, wenngleich erfolglos, Teil der Exekutive zu werden (wie die Zionistische Union unter der Führung Jitzchak Herzogs beziehungsweise seines Nachfolgers Avi Gabbay). Die Vereinigte Arabische Liste ist zu sehr mit sich selbst und den Radikalen in den eigenen Reihen beschäftigt. Neben einzelnen Personen aus den genannten Parteien[129] betreibt eigentlich nur das linksliberale Meretz-Bündnis als Ganzes nennenswerte

Oppositionsarbeit – mit aktuell fünf Sitzen in der Knesset eine denkbar kleine Minderheit. Dem Land droht der Verlust seines Status als einzige Demokratie des Nahen Ostens. Einige weitere Beispiele aus dem Kulturbereich mögen illustrieren, was auf dem Spiel steht.

Schon Limor Livnat, die Vorgängerin der amtierenden Kulturministerin, hatte ein repressives, allerdings immer noch demokratisches Verständnis von Kultur. Erst unter Miri Regev aber wurde die staatliche Förderung von Kulturinstitutionen per gesetzlicher Regelung an deren politisches Wohlverhalten geknüpft: So hängen nun bis zu 30 Prozent der Subventionen für Theater davon ab, ob die jeweilige Einrichtung zu Gastspielen außerhalb der großen kulturellen Zentren bereit ist, also im weniger dicht besiedelten Norden und Süden des Landes, aber eben auch in den Siedlungen in den besetzten Gebieten. Bezeichnend ist in diesem Zusammenhang der Umgang mit Norman Issa, einem populären arabisch-israelischen Schauspieler, der neben seinem Engagement am Tel Aviver Habimah-Theater zugleich ein jüdisch-arabisches Kindertheater in Jaffa leitet. Auf seine Weigerung, in einer Inszenierung des Habimah-Theaters in den besetzten Gebieten aufzutreten, reagierte Regev mit groben Attacken und drohte ihm mit der Streichung der Subventionen für sein eigenes Theater. Obschon unklar war, ob die von Regev angedrohte Maßnahme vor einem israelischen Gericht überhaupt Bestand gehabt hätte, gab Issa einige Tage später nach und postete auf Facebook ein Bild eines Treffens zwischen ihm und Regev, begleitet von einigen schmeichelhaften Zeilen über ihre Persönlichkeit.

Das Schicksal des einzigen arabischsprachigen Theaters in Israel, des Al-Midan-Theaters in Haifa, war besiegelt, nachdem es über eine Inszenierung (Bashar Murkus' *Parallelzeit*)[130] zu einer Auseinandersetzung mit dem Ministerium gekommen war. Dabei hatte eine Kommission des Erziehungsministeriums die Inszenierung zunächst sogar noch für Schulbesuche empfohlen. Bald darauf wurde das Theater unter dem Vorwurf geschlossen, staatliche Gelder nicht rechtmäßig verwendet zu haben. Die Anschuldigungen erwiesen sich als gegenstandslos, das Stück wurde wieder zugelassen, doch das Theater war erledigt – die Zahlungen wurden über mehr als ein Jahr verschleppt.[131] Ziel einer ähnlichen Kampagne wurde das Arab-Jewish Theatre in Jaffa.

Ein weiterer öffentlich inszenierter Skandal betraf das bekannte Fringe-Theater-Festival in Akko. Das Kulturministerium forderte nicht nur den Ausschluss einer politisch nicht genehmen Inszenierung – *Gefangene der Besatzung*[132] der israelischen Regisseurin und Schauspielerin Einat Weizman – aus dem Programm für 2017, sondern außerdem, hinfort alle Inszenierungen bereits vor ihrer Premiere beim Festival vom Ministerium prüfen und bestätigen zu lassen. Unliebsame Inszenierungen können auf diese Weise schon im Vorfeld verhindert werden. Die künstlerische Leitung und der Beirat des Festivals traten daraufhin aus Protest geschlossen zurück. Aber womöglich war das genau die Reaktion, die man sich von staatlicher Seite erhofft hatte. Die neue Festivaldirektion agiert jedenfalls deutlich kooperativer: Nachdem die Kulturministerin öffentlich erklärt hatte, dass »das Festival dem palästinensischen Narrativ keinen Raum bieten dürfe«, wurde das überarbeitete Festivalprogramm um mehrere Produktionen von Theatergruppen aus den besetzten Gebieten ergänzt, indes findet sich darin keine einzige Inszenierung in arabischer Sprache – in einer Stadt, deren Bevölkerung etwa zur Hälfte arabisch ist.[133]

Mit der israelischen Filmszene, die in den letzten Jahren auf internationaler Ebene einige der bemerkenswertesten Erfolge überhaupt feierte, befindet sich das Kulturministerium unter Regevs Leitung in einem Dauerkonflikt. Einer der Tiefpunkte war die ultimative Aufforderung der Kulturministerin an alle staatlichen Filmfördergesellschaften, die Namen all jener Mitarbeiter zu nennen, die für die Unterstützung besonders missliebiger Werke wie der Dokumentarfilme *Five Broken Cameras*[134] oder *Töte zuerst (The Gatekeepers)*[135] verantwortlich waren. Von mindestens einer der drei großen Fördergesellschaften ist bekannt, dass sie Regevs Forderung nachkam.

Und den Gewinner des Silbernen Löwen beim Filmfestival 2017 in Venedig, Samuel Maoz' Film *Foxtrot*, kritisierte Regev und lehnt ihn als Verunglimpfung der israelischen Armee ab, obwohl sie das Werk nach eigenem Eingeständnis nicht einmal gesehen hatte. Dass Maoz allegorischer Film ebenso gut an vielen anderen Grenzen dieser Welt spielen könnte, unterstreicht nur die Obsession, mit der im derzeitigen politischen Klima Israels Andersdenkende zu Verrätern gestempelt werden. Ein Verräter aber ist treulos. Es verwundert daher nicht, dass einer der jüngsten Versuche, politischen Dissens zur kriminalisieren, »Gesetz über kulturelle Treue« heißt. Dieser im Oktober 2018 von der Regierung bewilligte Gesetzentwurf wird es, sollte er im Parlament und vor dem Höchsten Gericht bestätigt werden, dem Kulturministerium erlauben, rückwirkend Kürzungen an Budgets von Einrichtungen vorzunehmen, sollten diese gegen verschiedene Tatbestände verstoßen.[136] Letztere sind vage gehalten, so dass beispielsweise auch das jährlich in der Tel Aviver Cinematheque stattfindende Nakba-Festival darunter fallen kann, das Filme zeigt, die die Entstehung des Staates Israel aus palästinensischer Sicht schildern.

Doch nicht allein das Kulturministerium übt zusehends Druck auf die in großer Mehrheit links verortete Kulturszene aus. So ließ Naftali Bennett, Erziehungsminister und Kopf der nationalreligiösen und in Teilen rassistischen Siedlerpartei, den Roman *Wir sehen uns am Meer* der israelischen Autorin Dorit Rabinyan, der von einer – scheiternden – Liebe zwischen einer Jüdin und einem Palästinenser handelt, von der

Liste empfohlener Bücher für die Schule streichen. Das Erziehungsministerium warnte, dass Jugendliche vor der »Gefahr der Assimilierung geschützt« werden müssten, denn: »Intime Beziehungen zwischen Juden und Nicht-Juden bedrohen die getrennten Identitäten.«[137]

Und – um nur noch ein weiteres von vielen Beispielen aus dem Erziehungsbereich anzuführen – ebenfalls auf Bennetts Geheiß wird derzeit ein Kodex erarbeitet, der politische Äußerungen im universitären Kontext untersagen soll.[138]

Alle diese und unzählige weitere Maßnahmen, die auf die Disziplinierung (und in letzter Konsequenz die Selbstdisziplinierung) der Akteure im gesellschaftlichen Raum zielen, stoßen in Israel auf Widerstand. Diverse israelische NGOs verteidigen mit bewundernswürdiger Zähigkeit die Demokratie und decken dabei das gesamte Spektrum zivilgesellschaftlicher Aktivität ab. Die nachfolgend aufgeführten Organisationen sind nur einige besonders bemerkenswerte Beispiele, die stellvertretend für viele andere stehen.

So setzt sich die 1972 gegründete Association for Civil Rights in Israel (ACRI) für alle Arten von Bürgerrechten ein und scheut dabei im Zweifelsfall nicht davor zurück, das höchste Gericht anzurufen.[139] ACRI verleiht außerdem alljährlich den Emil-Grünzweig-Preis an Einzelpersonen oder NGOs für einen besonderen Beitrag zur Verbesserung der Menschenrechte in Israel.[140] Unter den früheren Präsidenten von ACRI sind zahlreiche ehemalige Richter des Obersten Gerichtshofes. Der derzeitige Vorsitzende der Organisation ist der aus Bagdad stammende, sowohl arabisch als auch hebräisch schreibende jüdische Schriftsteller Sami Michael.

Die jüdisch-arabische NGO Itach-Maaki – Women Lawyers for Social Justice versteht sich als Lobbygruppe für Frauen aller benachteiligten Gruppen im heutigen Israel – alleinerziehende Mütter, Beduininnen, Sozialhilfeempfängerinnen, Geflüchtete. Sie stellt ihnen Rechtsbeistand zur Verfügung, organisiert Fortbildungen und thematisiert ihre Schicksale in der Öffentlichkeit. Ein weiteres Ziel der Organisation ist die Förderung von Frauensolidarität über alle ethnischen und religiösen Grenzen hinweg.

Viele NGOs widmen sich mit unterschiedlichen Mitteln dem Kampf gegen die Besatzung. Zu den beeindruckendsten zählen sicherlich die seit 2006 existierenden israelisch-palästinensischen Combatants for Peace. Ihre Mitglieder sind ehemalige Soldaten der israelischen Armee und palästinensische Attentäter oder Paramilitärs, die sich für eine Versöhnung einsetzen. Zu den Vorsitzenden der Organisation gehören der israelische Ex-Reserveoffizier Chen Alon und der Palästinenser Suleiman al-Khatib, der in seiner Jugend wegen eines von ihm verübten Messerattentats zu einer langen Haftstrafe verurteilt wurde.[141] Neben täglicher Aufklärungsarbeit und Werben für eine gewaltfreie Lösung des israelisch-palästinensischen Konflikts organisieren die Combatants for Peace am Vorabend des Jom haSikaron, des offiziellen Gedenktages für die in allen Kriegen seit der Staatsgründung gefallenen israelischen Soldaten, eine Alternativveranstaltung, an welcher auch das Parents Circle – Families Forum mit besonders bewegenden Auftritten teilnimmt. Die Mitglieder dieser binationalen, 1995 gegründeten Organisation sind Familien, die als Folge des palästinensisch-israelischen Konflikts Angehörige verloren haben. Die Vision des Parents Circle – Families Forum lautet daher auch: »[Wir] sind die einzige Vereinigung der Welt, deren Wunsch es ist, keine weiteren Mitglieder aufzunehmen.«[142] Auf dem Alternative Memorial Day trat 2018 auch der Schriftsteller David Grossman auf, dessen Sohn 2006 bei einem Einsatz im Südlibanon getötet wurde. Der erste Teil von Grossmans Rede war eine berührende Reflexion über Verlust und Trauer. Im zweiten Teil kam er auf die Gefährdungen Israels zu sprechen, das siebzig Jahre nach seiner Gründung eine starke Festung, aber kein Heim sei, denn Letzteres könne es nicht geben ohne ein zweites, palästinensisches Heim. Grossman fuhr fort: »Und wenn der [israelische] Premierminister Menschenrechtsorganisationen schmäht und gegen sie hetzt, und wenn er nach Wegen sucht, Gesetze zu erlassen, die den Obersten Gerichtshof umgehen, und wenn die Demokratie und die Gerichte permanent in Frage gestellt werden, wird Israel noch weniger ein Heim – für alle seine Bewohner.«[143]

Doch der Kampf der israelischen Zivilgesellschaft findet außerhalb der Landesgrenzen und zumal in Deutschland nur wenig Aufmerksamkeit, wo in puncto Israel lediglich Nachrichten im direkten Zusammenhang mit der Besatzung der Rede wert zu sein scheinen.[144] Wie eindimensional das so vermittelte Israel-Bild in Deutschland ist, macht auch das Beispiel des Berliner Heinz-Berggruen-Gymnasiums deutlich, das seit mehreren Jahren ein Projekt für den Austausch mit einer Partnerschule in Ashkelon durchführt. Die Bezeichnung »Austausch« ist an dieser Stelle irreführend, denn der Besuch findet lediglich in eine Richtung statt – die Leitung der Berliner Schule weigert sich mit Hinweis auf eine angeblich unklare Gefahrenlage schon seit mehreren Jahren, die deutschen Schüler nach Israel reisen zu lassen – selbst wenn die Eltern die Verantwortung dafür übernähmen. Dabei ist die israelische Demokratie, sind alle israelischen Demokraten gerade jetzt auf die internationale Unterstützung der Freunde Israels dringend angewiesen.

»M« in Melbeck

Nachwort

Kurz nach meiner Ankunft in Israel starb die bedeutende Schauspielerin Channa Maron. Ihr Leben ist in vieler Hinsicht exemplarisch für die Geschichte des letzten Jahrhunderts und in jedem Fall für die Geschichte des israelischen Staates. 1923 als Kind polnischer Juden in Berlin geboren, war sie bereits in jungen Jahren ein Theaterstar und trat in zahlreichen Inszenierungen auf, darunter auch in der ersten Bühnenfassung von Erich Kästners *Pünktchen und Anton* – der berühmte Autor hatte ihr, beeindruckt von ihrer Natürlichkeit und Bühnenpräsenz, noch während des Vorsprechens die Hauptrolle angeboten. Aber auch diverse Filmregisseure erkannten ihr ungewöhnliches Talent, so beispielsweise Fritz Lang, der sie für sein Meisterwerk *M – eine Stadt sucht einen Mörder* engagierte. Nach dem Machtantritt der Nazis floh Channa Maron gemeinsam mit ihren Eltern über Paris nach Palästina. Den Krieg erlebte sie dort als Soldatin der jüdischen Brigaden. In den fünfziger Jahren stieg sie zum Star des neu gegründeten Cameri-Theaters in Tel Aviv auf und erlangte bald landesweite Bekanntheit.

1970 machte der El-Al-Flug nach London, auf dem sich auch Channa Maron befand, Zwischenstopp in München, wo ein palästinensischer Attentäter eine Handgranate zündete und zwei Passagiere tötete. Channa Maron überlebte, verlor jedoch einen Unterschenkel und lag drei Monate im Krankenhaus (wo es zu einem Wiedersehen mit Erich Kästner kam). Nach nur einem Jahr stand sie mit Hilfe einer Prothese bereits wieder auf der Bühne des Cameri-Theaters, kurze Zeit später auch im Staatstheater in Wuppertal. Dort spielte sie in einer Inszenierung von Medea. Die Erfahrung des Anschlags habe sie den kriegerischen Stoff noch einmal in einer ganz anderen Tiefe durchdringen lassen, würde sie nach der Premiere sagen. Überhaupt fiel ihre Verarbeitung der Tragödie in München außerordentlich aus. Gefragt, ob sie den Attentäter hasse, antwortete sie: »Nein. Auch er empfand ja keinen persönlichen Hass, sondern nur einen politischen«.[145]

In dieser Zeit begann sie, sich in der israelischen Friedensbewegung Schalom Achschaw (Peace Now) einzusetzen. 1995 wohnte sie als geladener Gast der Unterzeichnung des historischen Oslo-Abkommens bei, was ihr viel bedeutete. Bis zum Ende ihres Lebens bewahrte sie sich ihre Unabhängigkeit im Denken, ließ sich nicht klein machen von großen schicksalhaften Umständen, und nicht von ungefähr war ihr Leitspruch das Shakespeare-Zitat »Vor allem eins – dir selbst sei treu«. 2014, im Alter von fast 91 Jahren, starb Channa Maron.

Es war uns wichtig, gerade der jungen Generation in Deutschland eine Ahnung von dieser ungewöhnlichen Persönlichkeit zu vermitteln. Und so luden wir den israelischen Graphiker David Polonsky (von dem die hintergründigen Animationen zu dem Film *Waltz with Bashir* stammen) und die preisgekrönte deutsche Comic-Künstlerin Barbara Yelin ein, je zehn Paneele zum Leben Channa Marons zu entwerfen. Die Hoffnung, die wir damit verbanden, war, dass sich Jugendliche von einer gezeichneten Biographie mehr angesprochen fühlen würden als von dokumentarischem Fotomaterial. Und tatsächlich: Schon seit November 2016 tourt die Ausstellung *Dir selbst sei treu* durch Schulen und Bildungseinrichtungen in ganz Deutschland. Mich berührt die Vorstellung, dass an Orten wie Melbeck oder Bielefeld, Vaterstetten oder Frankfurt deutsche Jugendliche nun ein kleines bisschen über Channa Maron wissen, sich womöglich von ihrer Unabhängigkeit inspirieren lassen und gleichsam en passant etwas über die Geschichte Israels gelernt haben.

Und doch gibt es ernsthafte Probleme. Im Frühjahr 2017 unterhielt ich mich mit einem befreundeten Künstler, dem die Ausstellung sehr gefiel. Er war entschlossen, sie an verschiedene ostdeutsche Schulen zu bringen, zu denen er persönlichen Kontakt hatte. Einige Wochen vergingen. Irgendwann telefonierten wir wieder, und die Rede kam auch auf die Ausstellung. Seine Stimme klang bedrückt. Mehrere Male schon habe er »die Channa Maron« jetzt Schulen angeboten und stets die gleiche Antwort erhalten: »Die Ausstellung sei zwar schön und für Jugendliche gut geeignet. Aber man habe die Sorge, dass sich bei einem solchen Thema bestimmte Bevölkerungsteile beschweren könnten.«

Bei der Bundestagswahl 2017 haben die »bestimmten Bevölkerungsteile« ihre Stimme abgegeben und mit der AfD das erste Mal in der Geschichte der Bundesrepublik eine rechtsextreme Partei in das nationale Parlament gewählt. Für deren Bundesvorsitzenden ist das Dritte Reich innerhalb der deutschen Geschichte eigentlich bedeutungslos (»Vogelschiss«), und ihr Fraktionsvorsitzender im Thüringer Landtag forderte eine »erinnerungspolitische Wende um 180 Grad«. Es besteht die konkrete Gefahr, dass, selbst wenn die AfD sich mit dieser Forderung nicht durchsetzen wird, sie doch unter der Oberfläche den gesellschaftlichen Diskurs zu infizieren beginnt. Das Schicksal der Channa-Maron-Ausstellung ist ein schlagendes Beispiel dafür. Dabei sollte doch gerade jetzt die Reaktion eine andere sein. Es muss, im Gegenteil, in dieser Situation oberstes Gebot sein, die »bestimmten Bevölkerungsteile« vor den Kopf zu stoßen und zur Reflexion zu zwingen. Und ihnen kompromisslos zu vermitteln, dass die Shoah ein zentraler Teil der deutschen Geschichte und die Auseinandersetzung mit ihr ein zentraler Teil der deutschen Identität ist. Und immer sein wird.

Dank

Es ist wahrlich keine Floskel, wenn ich an dieser Stelle betone, dass dieses Buch ohne den intensiven Austausch mit einigen mir nahestehenden Menschen nicht entstanden wäre. Jede Unterhaltung mit ihnen brachte mich weiter, öffnete mir neue Perspektiven und verwies mich auf noch nicht Bedachtes. Und sie waren einfach da. Wann immer ich ihrer bedurfte. Mein besonderer Dank gilt: Tatiana Brandrup, José Brunner, Yaron Deutsch, Dan Diner, Amos Dolav, Salek Kutschinski und Steffen Schulz-Lorenz.

Ganz herzlich danke ich zudem Susanne Schüssler und Lena Luczak für die freundschaftliche Zusammenarbeit und das hochengagierte, gewissenhafte und in jeder Hinsicht hilfreiche Lektorat.

Dan Diner stellt in seinem Vorwort den Kontext des Buches her und bringt zugleich das Thema besser auf den Punkt, als ich es je gekonnt hätte. Und David Tartakover überließ mir seine wunderbare Graphik als Umschlagbild. Ihnen beiden sei hier noch einmal von ganzem Herzen gedankt.

Anmerkungen

1 Der aus dem Griechischen stammende Begriff *Holocaust* bezeichnet ursprünglich ein biblisches Tieropfer durch Verbrennung und wird beispielsweise im Zusammenhang mit Abrahams Beinahe-Opferung seines Sohnes Isaak verwendet. Er impliziert also eine bewusste, in einem (religiösen) Sinnzusammenhang stattfindende Handlung. Das hebräische Wort »Shoah«, Heimsuchung, wurde schon kurz nach den ersten Massenmorden an Juden in den jüdischen Gemeinden Palästinas verwendet.

2 Meier 2010, S. 79.

3 Vgl. Hagemann/Nathanson 2013, S. 35. Diner, ebd., S. 59, weist in seinem Kommentar zu der Studie allerdings darauf hin, dass das Deutschlandbild in Israel stark von tagesaktuellen Vorkommnissen abhängig ist: »Die bei Kontroversen aufbrechenden Leidenschaften machen jedenfalls deutlich, dass jenes durch Umfragen belegte und als stabil erachtete deutsch-israelisch/jüdische Verhältnis zu massiven Verwerfungen neigt.«

4 Diner 2015, S. 85: »[Der Abgeordnete Harari] schilderte in drastischen Worten die moralischen Folgen, die sich aus der Gegenständlichkeit der Leistungen ergeben würden. Das Abkommen werde eine nicht mehr aufzuhaltende Annäherung zur Folge haben. Auf die Lieferungen deutscher Maschinen würden deutsche Monteure folgen. Deutsche Schiffe würden unter deutscher Flagge die Häfen Israels anlaufen. Die dabei sich ergebenden Kontakte würden immer enger werden.«

5 Der erste deutsche Prozess gegen die Führer der SS-Wachmannschaft in Auschwitz fand 1963 statt und ging auf den Einsatz Fritz Bauers zurück – häufig auch gegen seine eigenen Behörden. Fünf Jahre später starb Bauer. Die offizielle Todesursache lautete auf Suizid, obwohl nicht alle Begleitumstände des Todes eindeutig waren. Nach der Jahrtausendwende entstand ein erster Dokumentarfilm, weitere zehn Jahre später folgten dann gleich drei Spielfilme zu dem Thema. Der Vorschlag, zum 50. Todestag Fritz Bauers im Jahre 2018 eine Sonderbriefmarke herauszugeben, wurde vom Bundesfinanzministerium abgelehnt.

6 Vgl. Peiffer 2016.

7 Zitiert nach Piorr 2013.

8 Vgl. hierzu Diner 1988.

9 Mit der titelgebenden Unfähigkeit zu trauern hatten die Autoren keineswegs die Trauer um die Opfer des Nationalsozialismus im Sinn, sondern beschrieben vielmehr das von ihnen analysierte Versäumnis der deutschen Nachkriegsgesellschaft, sich der Trauer um den Tod des geliebten Führers zu stellen.

10 Die von Neitzel und Welzer 2011 veröffentlichten Abhörprotokolle geben einen erschreckenden Einblick in die Mentalität deutscher Soldaten.

11 Vgl. Heer 2015.

12 Dies gilt erstaunlicherweise für beide Seiten. Bis in die achtziger Jahre sprach man in Israel nur summarisch von den sechs Millionen Toten, ohne einzelne Namen zu nennen.

13 Es handelt sich um eine von den Historikern Eberhard Jäckel, Jürgen Rohwer und Andreas Hillgruber organisierte Konferenz über die Genesis der Endlösung. Vgl. hierzu Berg 2003, S. 652ff. Vgl. auch ebd., S. 654: »Erstmals versammelten sich überhaupt Forscher aus den USA, aus England, Israel, Polen und der Bundesrepublik auf einer deutschen Konferenz, um über Chelmo, Sobibor, Majdanek und Auschwitz, Belzec und Treblinka zu diskutieren. Und erstmals waren auch die Differenzen zwischen deutschen und jüdischen Historikern Gegenstand einer öffentlichen wissenschaftlichen Debatte, die als Teil des Problems wahrgenommen werden konnte, nicht nur als deren unvermeidliche, im Grund aber störende Begleiterscheinungen.«

14 Vgl. hierzu Broszat/Friedländer 1988.

15 Vgl. ebd., beispielsweise S. 342–343: »Zur Besonderheit auch der wissenschaftlichen Erkundung dieser Vergangenheit gehört das Wissen darum, dass sie noch besetzt ist mit vielerlei Monumenten trauender und auch anklagender Erinnerung, besetzt von den schmerzlichen Empfindungen vieler vor allem auch jüdischer Menschen, die auf einer mythischen Form dieses Erinnerns beharren.«

16 Ebd., S. 343.

17 Ebd., S. 347.

18 Es würde den Rahmen dieses Essays sprengen, auf die diesbezüglichen Unterschiede zwischen Ost- und Westdeutschland einzugehen. Grundsätzlich mag die Feststellung genügen, dass die DDR sich als antifaschistischer Staat begriff, der per definitionem keinerlei personelle, institutionelle oder strukturelle Kontinuitäten mit dem Dritten Reich aufwies – eine Behauptung, die zwar im Gegensatz zur Bundesrepublik für die oberste Führungsriege der DDR zutraf, kaum aber für den Rest der Bevölkerung. Hieraus wie auch aus einer sich zusehends verstärkenden antizionistischen Haltung heraus verweigerte die DDR bis zuletzt die Zahlung materieller Entschädigungen sowie insgesamt die Aufnahme diplomatischer Beziehungen.

19 Vgl. Améry 1988, S. 97.

20 Vgl. Jenninger 1988, S. 7.

21 Vgl. Benz 2013.

22 Zitiert nach Widmann 1995.

23 Zu diesen und anderen Ergebnissen vgl. auch Zimmermann 2016.

24 Vgl. Nagel 1987.

25 Vgl. Schönfeld 1987.

26 Vgl. Wittstock 1987.

27 Vgl. Nagel 1987.

28 Zitiert nach Krass 2011, S. 99.

29 Ebd.

30 Vgl. Kreis 1987.

31 Schneider 1996, S. 29.

32 Ebd., S. 33.

33 Ebd., S. 39.

34 Ebd., S. 23.

35 Vgl. Welzer/Moller/Tschuggnall 2002.

36 Vgl. auch Hage 2002.

37 Der Sozialist und Pfarrer Harald Poelchau, aktives Mitglied der Bekennenden Kirche, war seit 1933 als Seelsorger in verschiedenen

Gefängnissen in Berlin tätig. Er half zahlreichen Juden bei der Flucht in den Untergrund, indem er Verstecke bei seinen Bekannten vermittelte. Harald Poelchau und seine Frau Dorothee wurden 1971 von Yad Vashem als »Gerechte unter den Völkern« anerkannt.

38 Hochhuth 1991, S. 128.

39 Auf Intervention Fritz Bauers im März 1952 angestrengtes Gerichtsverfahren gegen den ehemaligen Generalmajor Otto Ernst Remer wegen übler Nachrede und Verunglimpfung des Andenkens Verstorbener. Remer hatte die Verschwörer des 20. Juli als vom Ausland gedungene Landesverräter bezeichnet. Die Verurteilung Remers zu einer Freiheitsstrafe von drei Monaten war gleichbedeutend mit der Rehabilitierung der Widerstandskämpfer des 20. Juli.

40 Hier ist allerdings zwischen West- und Ostdeutschland zu unterscheiden. Während in der DDR die Mitglieder der Roten Kapelle quasi seit Staatsgründung geehrt wurden, erfolgte deren Aufnahme in den offiziellen Kreis des Widerstands erst nach dem Fall der Mauer. Umgekehrt legte die DDR-Geschichtsschreibung einen deutlichen Akzent auf den kommunistischen Widerstand.

41 Vgl. in diesem Zusammenhang auch Hochhuth 1991, S. 146–147: »Als Beispiele moralischen Heldentums und jenes *vernünftigen Gottesdienstes*, von dem der Apostel Paulus spricht […], sind die Aktionen der *Weißen Rose* in der europäischen Geschichte unübertroffen; dass sie unsere höchste Bewunderung verdienen, braucht nicht betont zu werden. Als politische Aktion gegen ein politisches System war die Verschwörung jedoch konzipiert auf dem Boden einer moralischen Utopie, durchgeführt mit kopflosem Enthusiasmus und bar aller greifbaren Resultate: In dieser Hinsicht war die *Weiße Rose* typisch für andere Gruppen und Einzelpersonen, die ein ähnlich grausames Schicksal erlitten.«

42 Vgl. Fritze 1999 bzw. 2009.

43 Fritze 2009, S. 98.

44 Die Veranstaltung der Konrad-Adenauer-Stiftung mit Julia Klöckner fand am 23.6.2017 in Jerusalem statt.

45 Vgl. für dieses und das folgende Zitat den vollständigen Text der Rede, die Außenminister Steinmeier am 31.5.2015 anlässlich der Zeremonie zur Verleihung der Ehrendoktorwürde gehalten hat:

https://www.auswaertiges-amt.de/de/newsroom/150531-rede-bm-hebrew-university/272010.

46 Zitiert nach Segev 1995, S. 20. Vgl. beispielsweise auch den langjährigen Leiter von Yad Vashem, Yehuda Bauer, in Bauer 1998: »Das Fürchterliche an der Shoah ist eben nicht, dass die Nazis unmenschlich waren; das Fürchterliche ist, dass sie menschlich waren.«

47 Zu derartigen Versuchen vgl. das Kapitel »Die Erfindung einer Familie.«

48 Robert Thalheims einfühlsamer Film aus dem Jahre 2007 erzählt die – autobiographisch fundierte – Geschichte eines jungen deutschen Zivildienstleistenden, der durch Zufall nach Auschwitz gerät und sich dort insbesondere um einen polnischen Überlebenden kümmern soll. In einer Szene tritt Letzterer vor deutschen Lehrlingen eines Unternehmens auf, das sich in der Nähe angesiedelt hat. Für den Überlebenden ist der Auftritt ein Anliegen, für die aus der bundesdeutschen Zentrale angereiste Firmenvertreterin lediglich ein PR-Termin wie jeder andere.

49 Schneider 1996, S. 34.

50 Vgl. beispielsweise Alexander Gauland auf dem Kyffhäuser-Treffen der AfD am 2.9.2017: »Man muss uns diese zwölf Jahre jetzt nicht mehr vorhalten. Sie betreffen unsere Identität heute nicht mehr. Und das sprechen wir auch aus. [...] Wenn die Franzosen zu Recht stolz auf ihren Kaiser sind und die Briten auf Nelson und Churchill, haben wir das Recht, stolz zu sein auf die Leistungen deutscher Soldaten in zwei Weltkriegen.« (https://www.youtube.com/watch?v=Te66uN9gssY, ab Minute 14:45.)

51 Zitiert nach Joel 2010.

52 Vgl. Schätzle 2016, S. 351.

53 Ebd.

54 Kursive Hervorhebungen des Verfassers. Vgl. https://milchundhonigkoeln.wordpress.com/2013/12/16/oma-ina-und-opa-kobi-oder-warum-geschichtenerzahlen-wichtig-ist. Link inzwischen ungültig.

55 Vgl. Zuckermann 2010, S. 159.

56 Vgl. Knigge 2005, S. 5.

57 Ebd., S. 9. Ludwig Topf beging im Mai 1945 Selbstmord. Sein Bruder, Ernst-Wolfgang Topf, hielt lebenslang an der Behauptung fest, die Produkte des Unternehmens seien normale technische Anlagen gewesen. Ebd.

58 Vgl. die Betreffzeile einer PR-Mail vom 8.9.2017 an den Verfasser (und viele andere Adressaten).

59 Welzer 2017, S. 55.

60 Vgl. Presseerklärung der FPÖ-Politiker Walter Rosenkranz und David Lasar vom 4.5.2018, https://www.ots.at/presseaussendung/OTS_20180504_OTS0156/fpoe-walter-rosenkranzlasar-selbstgerechter-koehlmeier-desavouiert-gedenkveranstaltung.

61 Vgl. Köhlmeier 2018.

62 Speziell im Hinblick auf die Erinnerung an die Leningrader Blockade ist allerdings ein Unterschied zwischen West- und Ostdeutschland festzustellen.

63 Vgl. das letzte Gespräch mit Ignatz Bubis, zum Beispiel auf http://www.hagalil.com/deutschland/bubis/presse/stern.htm: »Ich habe damals darauf gedrängt, dass im Einigungsvertrag oder im Grundgesetz verankert wird, dass die Zeit des Nationalsozialismus ein Teil der deutschen Geschichte ist, dass Lehren für die Zukunft gezogen werden – sei es in einer Präambel, sei es in sonst irgendeiner Form. [...] Wir sind auf taube Ohren gestoßen bei Wolfgang Schäuble, auch bei der damaligen Opposition. Im öffentlichen Bewusstsein ist die Verantwortung für Auschwitz nicht verankert. Jeder in Deutschland fühlt sich verantwortlich für Schiller, für Goethe und für Beethoven, aber keiner für Himmler.« Letzteres ist besonders gut in den Äußerungen diverser AfD-Politiker wie beispielsweise Alexander Gauland zu beobachten.

64 Vgl. Warda 2017.

65 Vgl. die Betreffzeile einer PR-Mail vom 9.9.2017 an den Verfasser.

66 Zuckermann 1999, S. 124. Vgl. beispielsweise auch Margalit 2016, S. 365: »Die Trends der 1990er und der frühen 2000er Jahre zeigen, dass ein bedeutender Teil der deutschen Öffentlichkeit nicht mehr bereit ist, als Schuldige für den Zweiten Weltkrieg hingestellt zu werden. In ihren Augen war der Krieg eine einzige deutsche Leidensgeschichte.«

67 Vgl. als ein Beispiel für viele den von der gesamten Redaktion gezeichneten Artikel ›Krieg dem Baath-Regime, Waffen für Israel!‹, in *Bahamas* 39 (2002): »Die Vorhut des islamischen Faschismus, die jungen Männer [...] durften lange auf die Toleranz der ganzen westlichen Welt bauen, sie wähnten sich unschlagbar.« (http://www.redaktion-bahamas.org/auswahl/web39–2.html).

68 Sonne 2013, S. 88–89, beispielsweise erinnert an die materielle und personelle Unterstützung Syriens durch die DDR im Jom-Kippur-Krieg 1973: »Dann verlud man die demontierten MIG-21-Jagdflugzeuge und ihre Besatzungen in sowjetische Antonow-12-Frachtflugzeuge und transportierte sie über Ungarn nach Aleppo. Dort angekommen, wurden die Jagdflugzeuge zusammengebaut, sandfarben gestrichen und mit syrischen Hoheitsabzeichen versehen. Als sich die NVA-Piloten gerade für ihren ersten Testflug bereitmachten, kam die Nachricht vom Ende des Krieges: Nach nur 16 Tagen war der Jom-Kippur-Krieg vorbei, der Versuch, Israel endlich militärisch in die Knie zu zwingen, gescheitert. Hätte er nur wenige Tage länger gedauert, dann hätte die DDR-Führung offenbar bewusst in Kauf genommen, dass deutsche Piloten gegen israelische Flieger antreten.«

69 Rosh 1995.

70 Der exklusive Fokus führte zu einer Ausdifferenzierung der Opfer auch auf der Ebene der öffentlichen Denkmäler: Dem Mahnmal für die ermordeten Juden Europas (2003–2005) folgte jenes für die Homosexuellen (2008), später das für die Sinti und Roma (2012) und zuletzt für die Euthanasieopfer der T4-Aktion (2014). Abwesend in dieser Gruppe ist hingegen beispielsweise immer noch die (Zivil-)Bevölkerung Osteuropas, die als »Untermenschen« Opfer nationalsozialistischer Vertreibungs- und Vernichtungsversuche wurden, die Gruppe der Zwangsarbeiter und andere.

71 Vgl. https://www.zeit.de/1999/06/199906.schroeder-gespra.xml.

72 In seiner Rede an die Jury des Denkmals für die ermordeten Juden Europas vom 14.11.1997 gibt Jochen Gerz dieser Einsicht prägnanten Ausdruck und sagt: »Das traditionelle Denkmal ist ein Paradox und produziert Vergessen. Denn die Orte der Erinnerung sind Menschen nicht Denkmäler.« Zitiert nach einem persönlichen Gespräch mit dem Künstler. Vgl. auch Young 1994, S. 35: »At the same time, a new generation of artists in Germany has

begun to wonder whether the monument itself is more an impediment than an incitement to public memory. Ethically certain of their duty to remember, but aesthetically skeptical of monumental forms still redolent of a Nazi past, artists such as Jochen and Esther Gerz, Horst Hoheisel and Norbert Radermacher have begun to probe the limits of both their artistic media and the very notion of a memorial.«

73 Kunstreich 2010. Wertmüller (2003) titelte in der Zeitschrift *Bahamas*: »Wir Freunde des amerikanischen Krieges. Warum man Israel nicht kritisieren darf.«

74 Illouz 2015, S. 114.

75 Feuerherdt 2017. Vgl. für eine fundierte Diskussion des Siedlungsprogramms Gorenberg 2012.

76 Vgl. Homepage von Matthias Küntzel.

77 Vgl. das Interview Moshe Zuckermanns mit dem *radio dreyeckland* vom 4.1.2011 (https://rdl.de/beitrag/moshe-zuckermann-diagnostiziert-zunehmenden-alltags-rassismus-israel) und das Interview mit der Zeitschrift *Hintergrund*.

78 Feuerherdt 2011, S. 25–26.

79 Vgl. beispielsweise die maßlose Kritik des israelischen Energieministers Yuval Steinitz an der israelisch-amerikanischen Schauspielerin Natalie Portman, die ihre Teilnahme an der Verleihung des renommierten Genesis-Preises 2018 mit Hinweis auf den als Redner vorgesehenen Ministerpräsidenten Netanjahu absagte, dessen Politik sie ablehne. Daraufhin konstatierte Steinitz, dass dies »an Antisemitismus grenze«.

80 Vgl. beispielsweise Grigat 2008: »Dennoch stellt sich das Problem, dass es insbesondere in einigen Ausläufern der autonomen Antifa-Szene schick geworden ist, mit einer kaum mehr theoretisch begründeten Israel-Solidarität zu kokettieren.« Vgl. auch Heni 2017: »[Der Artikel Moshe Zuckermanns] ›Deutsche Befindlichkeiten. Wie eine vorgebliche Antisemitismusbekämpfung zur ideologischen Farce gerät‹ bringt einige Aspekte der deutschen Linken und der sog. Israelszene […] durchaus treffend auf den Punkt.«

81 Vgl. Zuckermann 2003.

82 Zuckermann 2010, S. 116.

83 Vgl. hierzu auch die Überlegungen im folgenden Kapitel.

84 Der berühmte israelische Schriftsteller A. B. Yehoshua, in der Vergangenheit unermüdlicher Streiter für eine Zweistaatenlösung, plädierte zuletzt für eine Konföderation. Stav Shaffir, Knessetabgeordnete der Zionistischen Union, kritisiert ihn dafür. Vgl. Shaffir 2018: »Yehoshua's plan for escaping the despair – establishing a binational federation – is the mirror image of the right thing to do, and it contains no security arrangements. When two people brawl, the first step is to separate them to stop the violence. When two nations fight each other, it's better to separate them and not chain them together in a utopian federation.«

85 Vgl. Shaffir 2018: »After a profusion of negotiating rounds between us and the Palestinians, it's clear how the compromise will look, and most Israeli and Palestinians – as polls show time after time – are willing to live with it: two states based on the 1967 lines, land swaps, the removal of a small number of settlements, and international supervision of the holy sites. Not ideal, but that's the nature of compromises.«

86 Seit Anfang 2018 hat die Regierung den Bau von mehreren Tausend neuen Einheiten genehmigt.

87 So werden beispielsweise Shovrim shtika (Breaking the Silence) und B'Tselem von Ministerpräsident Netanjahu und zahlreichen anderen Regierungsvertretern regelmäßig als »Vaterlandsverräter« bezeichnet.**88** Vgl. zum Beispiel Gorenberg 2012, S. 11: »In den zwei Jahrzehnten seit der Einrichtung solcher Lehranstalten [= vormilitärische religiöse Ausbildungszentren, Anm. d. Verf.] spielen religiöse Männer in den Kampfeinheiten der israelischen Armee und ihrem Offizierskorps eine immer größere Rolle.«

89 Der Entwurf eines Regelwerks für Universitäten, vom israelischen Erziehungsministerium unter Leitung des nationalreligiösen Ministers Naftali Bennett von der Siedlerpartei in Auftrag gegeben, sieht neben dem Einrichten universitärer Gremien zur Beobachtung politischer Aktivitäten beispielsweise vor, Lehrpersonal politische Meinungsäußerungen im Unterricht zu verbieten. Vgl. Skop 2017.

90 Vgl. die Beispiele im Kapitel »Wo bleibt die Israel-Lobby?«.

91 So gibt es unter den Regierungsparteien diverse Bestrebungen, den Charakter des Staates Israel (der keine geschriebene Verfassung besitzt) durch ein Nationalstaatsgesetz *(nation-state bill)* zu definieren. Die zahlreichen von Regierungsvertretern eingebrachten Gesetzesvorschläge zielten in ihrer Mehrheit darauf ab, das Höchste Gericht zu zwingen, angeblichen jüdischen Werten Vorrang vor demokratischen Prinzipien einzuräumen. Vgl. beispielsweise Lis 2018: »The Knesset passed a relatively ›softer‹ version of the law without the section that supported subordinating Israel's democratic values to its identity as a Jewish state. The word ›democracy‹ was removed from this version of the controversial bill. This change is expected to foil the legislation's original purpose, which was to subjugate High Court of Justice rulings such that so-called Jewish national or traditional values could take precedence over democratic values.« Doch das am 19. Juli 2018 schließlich in der Knesset verabschiedete Gesetz weist einige sehr problematische Aspekte auf. So wird unter Punkt 7 von »jüdischer Besiedlung« gesprochen, deren Förderung als »nationaler Wert« definiert wird. Welche Besiedlung damit gemeint ist, ist unklar. Auch wird dem Arabischen ein besonderer Status, nicht aber der einer zweiten Amtssprache zugesprochen. Vgl. eine deutsche Übersetzung des Gesetzes unter https://www.swp-berlin.org/fileadmin/contents/products/sonstiges/2018A50_Anhang_IsraelNationalstaatsgesetz.pdf.

92 Laut einer vom renommierten Pew Research Center durchgeführten Befragung sind 79% der jüdischen Israelis der Ansicht, dass Juden in Israel bevorzugt werden sollten, 48% befürworten eine Ausweisung aller Palästinenser. Vgl. Newman 2016.

93 So war beispielsweise das Erziehungsministerium nach Protesten gezwungen, zahlreiche religiöse Verweise in diversen Schulbüchern zu entfernen, die für die Verwendung in säkularen Schulen bestimmt waren. Vgl. Kashti 2017.

94 Es handelt sich um die Vorkommnisse im Zusammenhang mit dem Israelbesuch des damaligen deutschen Außenministers Sigmar Gabriel vom 24. bis 26.4.2017.

95 Es handelt sich um einen vom Goethe-Institut gemeinsam mit dem Eva and Marc Besen Institute for the Study of Historical Consciousness organisierten interdisziplinären Workshop zur Zukunft der Shoah-Erinnerung, der vom 4. bis 5.7.2017 in Tel Aviv stattfand. Die Teilnehmer kamen aus Deutschland, Israel, den Niederlanden, Russland und Ungarn.

96 Vgl. Levi 1986, S. 83.

97 Tewinkel 2015.

98 Vgl. beispielsweise Klüger 1995.

99 Vgl. Cockburn 2014.

100 Steinmeier 2015.

101 Friedländer 2007 *(Kitsch und Tod)*, S. 14.

102 Friedländer spricht in anderem Zusammenhang von »einer Form, der Realität sich zu stellen, die zugleich ein Ausweichen vor ihr ist.« Ebd., S. 86.

103 2013 erschien die mittlerweile zweiundsechzigste (!) Auflage.

104 Eine gute Analyse, verbunden mit interessanten Informationen zur Rezeptionsgeschichte des Textes, bietet Schrader 2005.

105 Auch Schrader, ebd., gesteht dem Buch trotz aller Kritik Positives zu: »[Hans Peter Richters] Buch *Damals war es Friedrich* kommt das Verdienst zu, im zeitgeschichtlichen Umfeld des Jerusalemer Eichmann-Prozesses (für die Ausgabe von 1961) und des Frankfurter Auschwitz-Prozesses (für die Ausgabe von 1969) einen entscheidenden Schritt zur Enttabuisierung des Themas geleistet zu haben. Es hat die Beschäftigung mit dem Nationalsozialismus und der Judenverfolgung in der Schule eingeleitet, auch wenn der Roman den Holocaust selbst nicht explizit thematisiert.«

106 Ein erstmals 1817 von dem englischen Dichter und Philosophen Samuel Taylor Coleridge formulierte rezeptionsästhetische Theorie, die großen Einfluss in der Welt des Films hatte.

107 Vgl. Kopke 2004.

108 Vgl. in diesem Zusammenhang die Aussagen des Produzenten des Films, Bernd Eichinger (2003), der sich übrigens der Widersprüchlichkeit seiner Äußerungen nicht einmal bewusst zu sein scheint: »Wir machen einen großen epischen Film [sic!] fürs Kino. Allerdings halten wir uns dabei streng an die Dokumente. An Stenogramme der Lagebesprechungen und an die Aufzeichnungen von Zeitzeugen. Was historisch nicht belegt ist, kommt nicht vor. [...] Ich denke, unser Film wird authentischer als alle vorherigen.«

109 Vgl. beispielsweise Wildt 2005, S. 131: »Dieser Film [...] hat [...] mit Geschichte so viel oder so wenig zu tun wie ein Film über die Meuterei auf der Bounty.«

110 Vgl. das Kapitel »Der Vati-Komplex«.

111 Vgl. hierzu beispielsweise Zertal 2003.

112 Vgl. Burg 2009, S. 16.

113 Zitiert nach ›'We Really Nailed the Holocaust': Israeli Minister Adds Sounds of Trains, Barking Dogs to Independence Day Ceremony‹, in: *Haaretz*, 17.4.2018.

114 Vgl. die offizielle Homepage der israelischen Armee, die auf Hebräisch zahlreiches Material zu den »ädim bmadim« enthält.

115 Die Einführung von Hebräisch als Unterrichtssprache erfolgte 1904.

116 Vgl. Shani 2016. Eine vom israelischen Erziehungsministerium in Auftrag gegebene Studie scheint dabei die Einschätzung Deganis zu bestätigen: Die überwältigende Mehrheit der Schüler kehrt von den Fahrten nach Polen mit einem gesteigerten Bewusstsein ihres jüdischen Erbes und der Wichtigkeit eines unabhängigen jüdischen Staates zurück. Eine – allerdings weniger große – Mehrheit gab zur Antwort, als Ergebnis der Fahrt über ein besseres Verständnis der universellen Gefahr von Intoleranz und Rassismus zu verfügen. Vgl. dazu Maltz 2016.

117 Burg 2009, S. 34.

118 Ein weiteres Problem in Deutschland besteht in der Vielzahl in ihrem Bedeutungsgehalt ungenau definierter Gedenkstätten oder -anlässe wie beispielsweise der Berliner Neuen Wache oder dem Volkstrauertag. Hier wird, teils bewusst, teils unterbewusst, Geschichte umgeschrieben, indem Opfer und Täter im Tod gleichgesetzt werden. Vgl. hierzu auch Margalit 2016.

119 Grass 2012, 4. Strophe.

120 Beyer/Follath 2013, S. 127.

121 Ebd.

122 Vgl. Grass 2012: »Es ist das behauptete Recht auf den Erstschlag, / der das von einem Maulhelden unterjochte / und zum organisierten Jubel gelenkte / iranische Volk auslöschen könnte, / weil in dessen Machtbereich der Bau / einer Atombombe vermutet wird.«

123 Vgl. Beyer/Follath 2013, S. 128: »Beruflich hat es sich nie ergeben, und privat möchte ich nicht.«

124 Außerhalb dieses Schemas stehen jene NGOs, die, wie beispielsweise Aktion Sühnezeichen, in deutsch-jüdischen oder trialogischen Versöhnungsprojekten engagiert sind und auf diesem Gebiet wichtige Arbeit leisten.

125 Gorenberg 2012, S. 12f. Der Titel von Gershom Gorenbergs im Original auf Englisch verfassten Buch *The Unmaking of Israel* wurde, obschon es keinerlei Bezug zu Thilo Sarrazins Pamphlet gibt, im Deutschen völlig irreführend als *Israel schafft sich ab* übersetzt.

126 Die Selbstbeschreibung des New Israel Fund (NIF) Deutschland lautet: »Ins Leben gerufen von einer Gruppe von jüdischen und nicht-jüdischen Berlinern unterschiedlichster Herkunft wird NIF Deutschland von ehrenamtlichen Mitgliedern und Unterstützern getragen, die tiefe Verbindungen zu Israel haben. In Israel lebt heute eine fragmentierte und oftmals entlang ethnischer, sozialer und religiöser Linien zerrissene Gesellschaft. Soziale Ungerechtigkeit, Ungleichheit und Armut sind ernstzunehmende Probleme. Der Kriegszustand mit den Nachbarstaaten, die Lähmung des Friedensprozesses und die Besatzung der palästinensischen Gebiete sowie die anhaltende Gefahr von Terrorangriffen fordern ihren Tribut. Anti-demokratische Gesinnungen erhalten mehr und mehr Rückhalt in der Bevölkerung, extreme Positionen gewinnen Aufwind.« Vgl. die Webseite des NIF Deutschland: http://nif-deutschland.de/nifde-wp/deutschland/. Der New Israel Fund wurde in Israel in der Vergangenheit Ziel einer massiven Verleumdungskampagne der extremistischen Nichtregierungsorganisation Im Tirzu, die sich auf eine von ihr in Auftrag gegebene, vorgeblich wissenschaftliche Studie stützte. Vgl. Gorenberg 2012, S. 216: »Im Zentrum des Komplotts [zur Verunglimpfung der Armee und Untergrabung der Kampfbereitschaft der Soldaten] stand, dieser Studie zufolge, der New Israel Fund.«

127 Betroffen hiervon sind in der überwältigenden Mehrheit regierungskritische NGOs. Rechte und ultrarechte Organisationen finanzieren sich in der Regel durch ausländische Privatspenden, die nicht Gegenstand des Gesetzes sind.

128 Bewegung der früheren israelischen Außenministerin Tzipi Livni, die sich 2014 mit der früheren Awoda-Partei unter dem Namen Zionistische Union zusammenschloss.

129 Beispielsweise die bereits in anderem Zusammenhang erwähnte Politikerin Stav Shaffir (Zionistische Union), die ursprünglich aus der außerparlamentarischen Protestbewegung stammt.

130 Das Stück ist von dem Fall Walid Dakkas inspiriert, eines Mitglieds der radikalen Volksfront zur Befreiung Palästinas (PFLP), der 1984 der Beteiligung an der Ermordung des israelischen Soldaten Moshe Tamam für schuldig befunden und zu lebenslanger Haft verurteilt wurde. Dakka bestreitet die Beteiligung und sieht sich selbst als gewaltloser Kämpfer für eine palästinensische Selbstbestimmung. Bald nach der hebräischen Premiere des Stückes (das zuvor erfolgreich auf Arabisch gezeigt worden war) protestierte die Familie des ermordeten Soldaten vor dem Theater, woraufhin die Stadt Haifa das Theater schloss und eine Untersuchung einleitete. Das Kulturministerium beauftragte eine eigene Untersuchung, und das Erziehungsministerium zog seine Empfehlung für das Stück zurück. Auch Gegner des Stückes konzedieren, dass es nicht Gewalt als Mittel zur Konfliktlösung propagiere. Sie sehen das Problem vielmehr darin, dass die Hauptfigur an dem Schicksal eines rechtmäßig verurteilten Mörders orientiert ist. Salwa Nakkara, die künstlerische Leiterin des Theaters, hält dem entgegen, dass die israelische Öffentlichkeit keine andere Meinung hören wolle. »So, als ob es keine Besatzung gebe, als ob alles friedlich und wundervoll wäre und als ob wir keine ethnische Minderheit seien.« Vgl. Hadid 2015.

131 Inzwischen finden in Al-Midan wieder vereinzelte Aufführungen statt; inwieweit dies ausreicht, um das Theater wieder als lebendigen Spielort zu etablieren, ist schwer vorauszusagen.

132 Die Auseinandersetzung Regevs mit der Festivalleitung und der Regisseurin reicht ins Jahr 2015 zurück, als das Festival Weizmans »dokumentarische Komödie« *Palästina, Stunde Null* einlud, die die Zerstörung palästinensischer Häuser durch die israelische Armee behandelt. Regevs Vorwurf, das Stück stelle einen Angriff gegen den Staat Israel und seine Symbole dar (und müsse daher verboten werden), ließ sich jedoch nicht halten, das Stück konnte im Rahmen des Festivals gezeigt werden. Sein Hauptdarsteller, der palästinensische Schauspieler George Ibrahim, gewann den Hauptpreis.

133 Vgl. Ashkenazi 2017.

134 Ein 2011 unter der Regie des Palästinensers Emad Burnat und des Israelis Guy Davidi entstandener Dokumentarfilm über den Protest eines palästinensischen Dorfes gegen die Besatzung. Der Film gliedert sich in die Zeitabschnitte der jeweiligen Filmkameras des palästinenischen Regisseurs bis zu ihrer Zerstörung durch israelische Soldaten. *Five Broken Cameras* wurde in der Kategorie Bester Dokumentarfilm für den Oscar nominiert.

135 Ein 2012 von Dror Moreh gedrehter Dokumentarfilm, der lange Interviews mit sechs ehemaligen Leitern des israelischen Inlandsgeheimdienstes enthält und eine Reflexion über die Zukunft Israels darstellt. Während Vertreter der Zivilgesellschaft, aber auch moderate offizielle Stimmen den Film als einen Beweis für die Lebendigkeit der israelischen Demokratie lobten, wurde er vom rechten Spektrum scharf kritisiert. Der Film wurde in der Kategorie Bester Dokumentarfilm für den Oscar nominiert.

136 Die Tatbestände sind: Angriff auf staatliche Symbole wie die israelische Fahne oder deren Entweihung, Schürung von Rassenhass, Gewalt oder Terrorismus, Begehung des Unabhängigkeitstags als Tag der Trauer, Ablehnung Israels als jüdischer und demokratischer Staat.

137 Zitiert nach Münch 2016. Dank der Reaktion des Erziehungsministeriums wurde Rabinyans Buch zum Bestseller. Drei Monate nach Erscheinen waren 25.000 Exemplare verkauft, drei Monate nach der ministeriellen Intervention noch einmal genauso viele.

138 Die ersten öffentlichen Ideen hierzu wurden von den Leitungen der Universitäten vehement kritisiert. Vgl. Skop 2017: »A closer examination of the code shows that thought it is titled ›Ethical code for the overlap between academic and political activity‹, many of its clauses deal with academic matters like research and teaching in a general way. Thus, the code turns into a list of rules dictated by the authorities regarding the overall practices of academic faculty in Israel.«

139 ACRI gibt in regelmäßigen Abständen eine Übersicht über Gesetzesvorhaben heraus, die sich negativ auf die Demokratie in Israel auswirken können.

140 Der Preis ist nach dem israelischen Menschenrechtsaktivisten Emil Grünzweig benannt, der 1983 auf einer Demonstration der

Friedensbewegung Peace Now (Schalom Achschaw) von einem rechtsradikalen Attentäter mit einer Handgranate getötet wurde. Die Liste der Preisträger – von NGOs, die sich für die Rechte von Beduinen einsetzen, bis zu einem Netzwerk von Frauenhäusern – ist ein beeindruckendes Zeugnis für die Breite des gesellschaftlichen Engagements in Israel.

141 Das 2017 erschiene Buch *Sweet Occupation* der israelischen Schriftstellerin Lizzie Doron basiert auf Gesprächen der Autorin mit Vertretern von Combatants for Peace, darunter Suleiman al-Khatib und Chen Alon. Es schildert sehr ehrlich und gerade darum so bewegend die Annäherung der Autorin an die Organisation und die Überwindung eigener Denkmuster. Die deutsche Ausgabe ist die erste Veröffentlichung des Textes überhaupt. Kein israelischer Verlag hat bislang eine hebräische Variante herausgebracht.

142 Vgl. die Homepage der Organisation: http://www.theparentscircle.org.

143 Grossman 2018.

144 Diese eingeschränkte Wahrnehmung betrifft auch Israels Verteidigungspolitik. Während die Auseinandersetzungen am Gaza-Streifen im Mai 2018 – zu Recht – ausführlich beleuchtet wurden, war die fast zeitgleiche Zerstörung iranischer Waffenstützpunkte in Syrien durch die israelische Luftwaffe den Medien in Deutschland nur vergleichsweise wenige Artikel wert. Dabei stellen diese in den Augen auch der israelischen Linken eine existentielle Bedrohung des Staates Israel dar.

145 Vgl. Anne Linsels TV-Dokumentation *Shalom heißt Frieden* aus dem Jahre 1997, die einige bewegende Interviews mit Hanna beziehungsweise Channa (so ihr späterer Vorname) Maron enthält.

Literatur

Améry, Jean: *Jenseits von Schuld und Sühne,* München 1988 (Erstausgabe 1966).

Ashkenazi, Yair: ›The Chief of the Acre Festival Refuses to Take Lip from the Fringe‹, in: *Haaretz,* 17.9.2017.

Bar-On, Dan: *Die Last des Schweigens,* 2. Aufl., Hamburg 2004.

Bauer, Yehuda: *Die dunkle Seite der Geschichte. Die Shoah in historischer Sicht. Interpretationen und Re-Interpretationen,* Frankfurt a. M. 2001.

ders.: ›Gedenkrede vor dem Deutschen Bundestag‹, 27.1.1998, in: http://www.bundestag.de/parlament/geschichte/gastredner/bauer/rede/247412.

Benz, Wolfgang: ›Unglücklicher Staatsakt – Philipp Jenningers Rede zum 50. Jahrestag der Novemberpogrome 1938‹, in: *Deutschland Archiv Online,* 4.11.2013.

Berg, Nicolas: *Der Holocaust und die westdeutschen Historiker. Erforschung und Erinnerung,* Göttingen 2003.

Beyer, Susanne/Follath, Erich: ›Spiegel-Streitgespräch: Was ist Antisemitismus?‹, in: *Der Spiegel* 3 (14.1.2013), S. 122–128.

Blecking, Diethelm/Pfeiffer, Lorenz (Hg.): *Sportler im ›Jahrhundert der Lager‹. Profiteure, Widerständler und Opfer,* Göttingen 2012.

Broszat, Martin/Friedländer, Saul: ›Um die 'Historisierung des Nationalsozialismus'. Ein Briefwechsel‹, in: *Vierteljahrshefte für Zeitgeschichte* 36, Heft 2 (1988), S. 339–372, http://www.ifz-muenchen.de/heftarchiv/1988_2_6_broszat.pdf.

Burg, Avraham: *Hitler besiegen: Warum Israel sich endlich vom Holocaust lösen muss,* Frankfurt a. M./New York 2009.

Cockburn, Alexander: ›Truth and Fiction in Elie Wiesel's 'Night'‹, in: counterpunch.org, 21.10.2014, https://www.counterpunch.org/2014/10/21/truth-and-fiction-in-elie-wiesels-night/

Diner, Dan: *Rituelle Distanz. Israels deutsche Frage*, München 2015.
ders.: ›Kontinuität trotz Wandel? Einsichten in das deutsch-israelisch/jüdische Verhältnis‹, in: Steffen Hagemann/ Roby Nathanson (Hg.): *Deutschland und Israel heute. Verbindende Vergangenheit, trennende Gegenwart?*, Gütersloh 2013, S. 58–66.
ders. (Hg.): *Zivilisationsbruch: Denken nach Auschwitz*, Frankfurt a. M. 1988.
ders. (Hg.): *Ist der Nationalsozialismus Geschichte? Zu Historisierung und Historikerstreit*, Frankfurt a. M. 1987.
Doron, Lizzie: *Sweet occupation*, Frankfurt a. M. 2017.
dies.: *Warum bist du nicht vor dem Krieg gekommen?*, Frankfurt a. M. 2004.
Eichinger, Bernd: ›'Ich halte mich an die Geschichte'‹, in: *Der Spiegel* 17 (19.4.2003), S. 153.
Feldman, David: ›Boycotts: From the American Revolution to BDS‹, Vortrag vom 12.12.2016 am van Leer Jerusalem Institut, http://www.vanleer.org.il/en/event/boycotts-american-revolution-bds-0.
Feuerherdt, Alex: ›Warum Israels Siedlungen nicht das Problem sind‹, in: *Lizas Welt*, 25.5.2017, https://lizaswelt.net/2017/05/25/warum-israels-siedlungen-nicht-das-problem-sind/
ders.: ›Totalausfall‹, in: *Konkret* 3/2011.
Frei, Norbert: *1945 und wir. Das Dritte Reich im Bewusstsein der Deutschen*, München 2005.
Friedländer, Saul: *Das Dritte Reich und die Juden*, Bd. 1: *Die Jahre der Verfolgung 1933–1939*, München 2007.
ders.: *Kitsch und Tod*, erweiterte Ausgabe, Frankfurt a. M. 2007.
ders.: *Das Dritte Reich und die Juden*, Bd. 2: *Die Jahre der Vernichtung 1939–1945*, München 2006.
Fritze, Lothar: *Legitimer Widerstand? Der Fall Elser*, Berlin 2009.
ders.: ›Die Bombe im Bürgerbräukeller. Der Anschlag auf

Hitler vom 8. November 1939/Versuch einer moralischen Bewertung des Attentäters Johann Georg Elser‹, in: *Frankfurter Rundschau*, 8.11.1999.

Gorenberg, Gershom: *Israel schafft sich ab*, Frankfurt a.M./New York 2012.

Grass, Günter: ›Was gesagt werden muss‹, in: *Süddeutsche Zeitung*, 10.4.2012 [zuvor am 4.4.2012 in der Printausgabe erschienen].

Grigat, Stephan: ›Mit Wimpel und Mützchen‹, in: *Jungle World* 32 (2008), https://jungle.world/artikel/2008/32/mit-wimpel-und-muetzchen.

Grossman, David: ›Israel Is a Fortress, but Not Yet a Home‹, in: *Haaretz*, 18.4.2018.

Hadid, Diaa: ›Play Set in Israeli Prison Imperils Arab Theater‹, in: *New York Times*, 13.6.2015.

Hage, Volker: ›Literaturdebatte: Autoren unter Generalverdacht‹, in: *Spiegel online*, 8.4.2002.

Hagemann, Steffen/Nathanson, Roby: *Deutschland und Israel heute. Verbindende Vergangenheit, trennende Gegenwart?*, Gütersloh 2013.

Heer, Hannes: ›Legenden über die Wehrmacht. 'An alte Lügen angeknüpft'‹, in: *Die Tageszeitung*, 10.10.2015.

Heni, Clemens: ›Offener Brief an Moshe Zuckermann: Kritik, das Unheimliche und der Zeitgeist‹, 12.3.2017, http://www.clemensheni.net/offener-brief-an-moshe-zuckermann-kritik-das-unheimliche-und-der-zeitgeist/.

Hochhuth, Rolf: *Panik im Mai*, Reinbek bei Hamburg 1991.

Illouz, Eva: ›Ich? Eine Jüdin? Antisemitisch?‹, in: dies.: *Israel*, Berlin 2015, S. 111–117 (zuerst erschienen unter dem Titel ›Me? A Jew? Anti-Semitic?‹, in: *Haaretz*, 29.11.2012).

Jenninger, Philipp: ›Rede am 10. November 1988 im Deutschen Bundestag‹, https://www.lmz-bw.de/fileadmin/user_upload/Downloads/Handouts/2018–06–13-jenninger-rede.pdf.

Jessen, Jens: ›Das Experiment. Zweierlei Rede: Ignatz Bubis sprach 1989 Jenningers Text‹, in: *Frankfurter Allgemeine Zeitung,* 1.12.1995.

Joel, Fokke: ›Wolfdietrich Schnurre: Als es im Dichter bröckelte‹, in: *Die Zeit,* 22.8.2010.

Kashti, Or: ›In First, Israel to Revise Textbooks for 'Religious Indoctrination' of Secular Pupils‹, in: *Haaretz,* 2.7.2017.

Klüger, Ruth: ›Rezension Belletristik. Von der Verantwortung für das Böse‹, in: *Frankfurter Allgemeine Zeitung,* 14.11.1995.

Knigge, Volkhard: ›Menschheitsverbrechen und Berufsalltag‹, in: ders (Hg.): *Techniker der »Endlösung«. Topf & Söhne – die Ofenbauer von Auschwitz.* Ausstellung der Stiftung Gedenkstätten Buchenwald und Mittelbau-Dora in Verbindung mit dem Jüdischen Museum Berlin und dem Staatlichen Museum Auschwitz-Birkenau. Begleitband, Weimar 2005, S. 5–11.

Köhlmeier, Michael, *Rede zum »Gedenktag gegen Gewalt und Rassismus im Gedenken an die Opfer des Nationalsozialismus«,* Freitag, 4.5.2018, http://www.erinnern.at/bundeslaender/oesterreich/gedenktage/5.-mai-gedenktag-gegen-gewalt-und-rassismus-im-gedenken-an-die-opfer-des-national-sozialismus/michael-koehlmeiers-gedenkrede-die-dinge-beim-name-nennen/Rede%20Michael%20Koehlmeier.pdf.

Kopke, Christoph: ›Heil Kräuter. Der gute Mensch in Hitlers Bunker? Die Rolle des Arztes Ernst Günther Schenck im 'Untergang'‹, in: *Frankfurter Allgemeine Zeitung,* 20.9.2004.

Krass, Stephan: *Der Rezensionsautomat,* Paderborn 2011.

Kreis, Gabriele: ›Ach, Vati, deine Substantive‹, in: *Konkret,* 6.6.1987, S. 66–67.

Kunstreich, Tjark: ›Mit 'Israelkritik' gegen Antizionismus. Über den Stand der antisemitischen Dinge‹. Vortrag am 27.1.2010, http://redaktion-bahamas.org/aktuell/tjark-koeln-27–1–10.html.

Levi, Primo: *Die Untergegangenen und die Geretteten*, München/Wien 1986.
Levy, Daniel/Sznaider, Natan: *Erinnerung im globalen Zeitalter: Der Holocaust*, Frankfurt a. M. 2001.
Lis, Jonathan: ›Israel's Contentious 'Nation-state Bill' Passes First of Three Knesset Votes‹, in: *Haaretz*, 1.5.2018.
Maltz, Judy: ›Why Israelis Are Refusing to Send Their Kids on School Trips to Auschwitz‹, in: *Haaretz*, 5.5.2016.
Margalit, Galid: *Schuld, Leid und Erinnerung. Deutschland gedenkt seiner Toten im Zweiten Weltkrieg* (hg. v. Rony Margalit), Baden-Baden 2016.
Meier, Christian: *Das Gebot zu vergessen und die Unabweisbarkeit des Erinnerns*, München 2010.
Münch, Peter: ›Dorit Rabinyan 'Wir sehen uns am Meer': Hohe Wellen‹, in: *Süddeutsche Zeitung*, 15.8.2016.
Nagel, Wolfgang: ›Zu Besuch bei einem Ungeheuer‹, in: *Die Zeit*, 17.4.1987.
Neitzel, Sönke/Welzer, Harald: *Soldaten*, Frankfurt a. M. 2011.
Newman, Marissa: ›Nearly Half of Jewish Israelis Want to Expel Arabs, Survey Shows‹, in: *The Times of Israel*, 8.3.2016.
Peiffer, Lorenz: *Zwischen Erfolg und Verfolgung. Deutsch-jüdische Fußballstars im Schatten des Hakenkreuzes*, Berlin 2016.
Piorr, Ralf: ›Abschied eines Überlebenden‹, in: *Ballesterer # 79*, 12.2.2013, http://legacy.ballesterer.at/heft/weitere-artikel/abschied-eines-ueberlebenden.html.
Richter, Hans Peter: *Damals war es Friedrich*, München 2013.
Rosh, Lea: ›'Keine Denkpause'. Interview mit Lea Rosh über die Kritik am Holocaust-Mahnmal‹, in: *Der Spiegel* 28 (10.7.1995), S. 55.
Schätzle, Helena: ›Künstleressay Helena Schätzle‹, in: *Leben nach dem Überleben*, Berlin 2016, S. 349–361.
Schmitt, Christine: ›Philharmoniker spielten die 'Violins of Hope'‹, in: *Jüdische Allgemeine*, 28.1.2015.

Schneider, Peter: *Vati*, Reinbek bei Hamburg 1996.
Schönfeld, Gerda-Marie: ›So eine Nachbarschaft‹, in: *Der Spiegel* 11 (9.3.1987), S. 216–219.
Schrader, Ulrike: ›Immer wieder Friedrich? Anmerkungen zu dem Schulbuchklassiker von Hans Peter Richter‹, in: *Jahrbuch für Antisemitismusforschung* 14 (2005), S. 323–344.
Segev, Tom: *Die siebte Million*, Reinbek bei Hamburg 1995.
Shaffir, Stav: ›A. B. Yehoshua, Don't Give Up on the Two-state Solution in Our Name‹, in: *Haaretz*, 4.5.2018.
Shani, Ayelett: ›Minister Bennett Uses Education to Indoctrinate Kids with Nationalist Ideas‹ (Interview mit Zeev Degani), in: *Haaretz*, 21.5.2016.
Skop, Yarden: ›Israeli University Heads Blast New Ethical Code as Undermining Academic Freedom‹, in: *Haaretz*, 10.6.2017.
Sonne, Werner: *Staatsräson? Wie Deutschland für Israel Sicherheit schafft*, Berlin 2013.
Steinmeier, Frank-Walter: ›Ansprache beim Konzert zum Internationalen Tag des Gedenkens an die Opfer des Holocaust 'Violins of Hope' am 27.1.2015‹, https://www.auswaertiges-amt.de/de/newsroom/150127-bm-violins/268678.
Sznaider, Natan: *Gesellschaften in Israel. Eine Einführung in zehn Bildern*, Berlin 2017.
Tewinkel, Christiane: ›Gedenkkonzert für Opfer des Holocaust. So achtsam wie nie‹, in: *Tagesspiegel*, 29.1.2015.
Tuchel, Johannes (Hg.): *Gedenkstätte Stille Helden – Widerstand gegen die Judenverfolgung 1933–1945*, Berlin 2009.
Warda, Anna: ›Ein Kunstdenkmal wirft Fragen auf‹, in: *zeitgeschichte online*, 21.3.2017.
Welzer, Harald: *Wir sind die Mehrheit. Für eine Offene Gesellschaft*, Frankfurt a. M. 2017.
Welzer, Harald/Moller, Sabine/Tschuggnall, Karoline: *Opa war kein Nazi. Nationalsozialismus und Holocaust im Familiengedächtnis*, Frankfurt a. M. 2002.

Wertmüller, Justus: ›Wir Freunde des amerikanischen Krieges. Warum man Israel nicht kritisieren darf und auf die Liebe kein Verlass ist‹, in: *Bahamas* 42 (2003), http://www.redaktion-bahamas.org/auswahl/web42–2.html.

ders.: ›Der Antizionismus und Herr Vogt. Warum Israel kein normaler Staat ist‹, in: *Bahamas* 39 (2002), http://www.redaktion-bahamas.org/auswahl/web39–3.html.

Widmann, Arno: ›Deutsche Zwillinge‹, in: *Die Zeit*, 8.12.1995.

Wildt, Michael: ›'Der Untergang'. Ein Film inszeniert sich als Quelle‹, in: *Zeithistorische Forschungen*, Heft 1 (2005), S. 131–142.

Wittstock, Uwe: ›Vatis Tod‹, in: *Frankfurter Allgemeine Zeitung*, 11.4.1987, S. 22.

Yehoshua, A. B.: ›Time to Say Goodbye to the Two-State Solution. Here's the Alternative‹, in: *Haaretz*, 19.4.2018.

Young, James E.: ›The Art of Memory. Holocaust Memorials in History‹, in: ders. (Hg.): *The Art of Memory. Holocaust Memorials in History*, München/New York 1994, S. 19–38.

Zertal, Idith: *Nation und Tod*, Göttingen 2003.

Zimmermann, Moshe: ›Das deutsch-israelische Verhältnis‹, in: Gisela Dachs (Hg.), *Länderbericht Israel*, Bonn 2016, S. 616–642.

ders.: ›Trainer Emanuel Schaffer und die israelische Aufarbeitung der Geschichte‹, in: D. Blecking und L. Peiffer 2012, S. 131–142.

Zuckermann, Moshe: *›Antisemit!‹ Ein Vorwurf als Herrschaftsinstrument*, Wien 2010.

ders.: *Zweierlei Israel? Auskünfte eines marxistischen Juden an Thomas Ebermann, Herman L. Gremliza und Volker Weiß*, Hamburg 2003.

ders.: *Gedenken und Kulturindustrie*, Berlin/Bodenheim bei Mainz 1999.

Lesen Sie weiter:

Norberto Bobbio
Ethik und die Zukunft des Politischen

Warum heute Bobbio lesen? Um im unübersichtlicher werdenden politischen Handgemenge einen klaren Kopf zu behalten. Um die Moral nicht mit der Politik zu verwechseln, die guten Gründe nicht mit der Macht der Mehrheit.

Aus dem Italienischen von Otto Kallscheuer und Annette Kopetzki.
Herausgegeben und mit einem Vorwort von Otto Kallscheuer.
Politik. 144 Seiten.

Nilüfer Göle Europäischer Islam
Muslime im Alltag

Moscheebau? Kopftuch? Scharia? Die letzten Jahre waren geprägt von kontroversen Debatten über den Islam. Nilüfer Göle geht ihnen auf den Grund, indem sie mit den Menschen spricht, die diese Fragen angehen – von Köln bis Sarajevo, von Istanbul bis Paris.

Aus dem Französischen von Bertold Galli
Politik. Klappenbroschur. 304 Seiten.

Dominic Johnson Afrika vor dem großen Sprung

Mit dem arabischen Frühling und dem Umbruch in vielen Ländern wurde Dominic Johnsons These für viele überraschend bestätigt: Veränderung von unten ist jederzeit möglich und Afrika ist mitten in vielschichtigen Umwälzungen.

Politik. 144 Seiten

Bahman Nirumand Iran Israel Krieg
Der Funke zum Flächenbrand

Bahman Nirumands Buch liefert die erste differenzierte Analyse der Beziehungen zwischen Israel und Iran, den politischen und religiösen Verflechtungen und den geostrategischen Einflüssen von außen.

Politik. 112 Seiten.

Tom Koenigs
Machen wir Frieden oder haben wir Krieg?
Auf UN-Mission in Afghanistan

Afghanistan – Geschichte von Wiederaufbau und Befriedung oder Beispiel des Scheiterns westlicher Einmischung? Tom Koenigs' Aufzeichnungen als höchster UN-Vertreter in den entscheidenden Jahren erlauben einen bisher unbekannten – und ungeschönten – Blick hinter die Kulissen. Und sie sind eine stilistische Seltenheit: frisch, witzig, fast literarisch und vollkommen unbefangen.

Herausgegeben von Joscha Schmierer.
Politik. 272 Seiten.

Sibylle Thelen Die Armenierfrage in der Türkei

Die Vergangenheit kehrt zurück. Die armenische Frage steht im Zentrum der Identitätssuche einer demokratisch-pluralistischen Türkei: Was geschah 1915? Die notwendige »Umsiedlung« einer Bevölkerungsgruppe oder gezielte Massentötung und -vertreibung? Beharrlich erkundet eine neue türkische Zivilgesellschaft ihre verdrängte und vergessene Geschichte.

Politik. 96 Seiten

Joscha Schmierer Keine Supermacht, nirgends
Den Westen neu erfinden

Entsteht eine neue Weltordnung? Nach dem Verschwinden des Sowjetimperiums 1989 und dem Erstarken neuer Mächte wie China und Indien entwickeln sich Formen globaler Integration.

Politik. 112 Seiten

Emser Straße 40/41, 10719 Berlin www.wagenbach.de
Covergestaltung Julie August unter Verwendung von einem Bild von David Tartakover. Gesetzt aus der ITC Stone Sans.
Gedruckt auf Schleipen bei CPI books GmbH, Leck.
Printed in Germany.

ISBN 978 3 8031 3680 0